●强制隔离戒毒工作系列丛书

U0690272

强制隔离戒毒工作
管教方法与艺术

主　编　周雨臣　柏建国
副主编　胡跃峰　祝智照

ZHEJIANG UNIVERSITY PRESS
浙江大学出版社

丛书编委会

主　任　金　川

副主任　周雨臣　马立骥

委　员　陈鹏忠　王新兰　李蓓春

　　　　汪宗亮　贾东明　柏建国

　　　　胡跃峰　郭　崧

序

随着改革开放的深入,我国的社会环境发生了很大的变化,毒品违法犯罪死灰复燃,而且愈演愈烈,呈不断上升和蔓延的趋势。这种"白色瘟疫"越传越广,已成为阻碍社会经济发展和社会进步的绊脚石,严重扰乱社会管理秩序,成为当今社会一大"顽症"。

历史上我国是受毒品危害最深的国家,早在18世纪中叶,殖民主义即开始向我国倾销鸦片,吸食者人数在全国迅速蔓延,给本来就贫穷的中国带来了更加深重的灾难。1838年12月,民族英雄林则徐受命赴广东禁烟,在虎门公众销毁没收的鸦片烟237万斤。但由于清政府的腐败无能,最终还是以失败告终。

中华人民共和国成立后,中国人民在中国共产党的领导下,经过三年左右的肃毒斗争,在全国范围内基本上禁绝了毒品,在世界上享有无毒国的美誉,创造了世界禁毒史上的奇迹。然而,在国际毒品泛滥的背景下,因我国紧邻亚洲毒品生产基地"金三角"、"金新月"的地理条件,随着对外开放,国际毒品犯罪分子已把我国作为贩运毒品的通道,导致我国境内吸、贩、运、制毒品的沉渣泛起,由边境地区逐渐向内地蔓延,形成了一定规模的毒品地下市场。根据官方公布的数字,2005年至2011年,全国共破获毒品犯罪案件47万余起,抓获毒品犯罪嫌疑人55万余名,缴获各类毒品150余吨。

中国面临的毒品问题经历了三个阶段:20世纪70年代末80年代初,国内毒品问题以"金三角"过境贩毒为主,危害局限在西南局部地区;进入90年代后,国内开始出现吸毒人员,毒品问题从局部向全国范围蔓延;从90年代末期开始,境外毒品对中国"多头入境,全线渗透"的态势进一步加剧,除传统毒品海洛因外,制贩冰毒、摇头丸等合成毒品的犯罪活动发展迅猛,易制毒化学品流入非法渠道,屡禁不止,国内毒品问题呈现出毒品来源多元化、毒品消费多样化的特点。由此可见,毒品犯罪就像瘟疫一样,由潜伏、传染到大面积扩散,久治不愈,屡禁不止,成为一股危害社会的浊流,波及全国。

《2012年中国禁毒报告》显示,2011年,全国查获有吸毒行为人员41.3万人次,新发现吸毒人员23.5万名;共依法处置吸毒成瘾人员57.7万名,同比增长

8.3%。截至2011年年底,全国共发现登记吸毒人员179.4万人,其中滥用海洛因人员有115.6万人,占64.5%;滥用合成毒品人员58.7万人,占全国吸毒人员总数的32.7%,同比上升35.9%;全国新增滥用合成毒品人员14.6万人,同比上升22%。滥用合成毒品人员中,35岁以下青少年占67.8%,低龄化趋势明显。同时,合成毒品问题进一步呈现向中小城市、农村发展蔓延的趋势。截至2011年年底,全国正在执行社区戒毒人员3.6万名,社区康复人员4万名;全国公安机关共收戒吸毒成瘾人员9.2万余名。目前,全国强制隔离戒毒所在戒人员达到22.7万余名,全国药物维持治疗工作已经扩展到全国28个省(自治区、直辖市)的719个门诊,配备流动服药车29辆;全国累计在社区参加美沙酮维持治疗的戒毒人员已达33.7万名,门诊稳定治疗13.4万名,年保持率达到72.6%。

毒品对人的身心危害严重。吸毒会导致精神分裂、血管硬化,严重影响生殖和免疫能力。毒瘾发作时,如万蚁啮骨,万针刺心,吸毒者求生不得,求死不能,如同人间活鬼。吸毒易感染艾滋病,世界上超过一半的艾滋病患者都是由注射毒品而感染的。吸毒成瘾到死亡平均只有8年时间;吸毒上瘾,心瘾难除,一生受折磨。

吸毒耗费巨大,十有八九倾家荡产。吸毒者往往道德泯灭,不顾念亲情,抛妻弃子,忤逆不孝,甚至会出卖骨肉,残害亲人。其后代往往先天有毒瘾、痴呆畸形。真是一旦吸毒,祸害无穷。吸毒者为获取毒资,大多数男盗女娼,或以贩养吸,严重危害社会治安,败坏社会风气。

毒品对家庭的危害重大。家庭中一旦出现了吸毒者,家便不成其为家了。吸毒者在自我毁灭的同时,也破坏自己的家庭,使家庭陷入经济破产、亲属离散,甚至家破人亡的严重境地。

毒品对社会生产力的破坏巨大。吸毒首先导致身体疾病,影响生产;其次是造成社会财富的巨大损失和浪费;同时毒品活动还造成环境恶化,缩小了人类的生存空间。

毒品活动扰乱社会治安。毒品活动加剧诱发了各种违法犯罪活动,扰乱了社会治安,给社会安定带来巨大威胁。

2007年12月29日,中华人民共和国第十届全国人民代表大会常务委员会第三十一次会议通过《中华人民共和国禁毒法》(以下简称《禁毒法》),并于2008年6月1日开始施行。《禁毒法》的颁布实施对于我国禁毒工作有着里程碑式的重要意义。《禁毒法》依法规定了戒毒体制和措施。《禁毒法》对戒毒工作做出了重大变革,对原有的公安机关的强制戒毒制度和司法行政机关的劳教戒毒制度进行了有效的整合,合并为强制隔离戒毒制度,同时对社区戒毒、社区康复、自愿戒毒、戒毒药物维持治疗进行立法,增加了戒毒康复场所等相关内容。2011年6月26日,《戒毒条例》作为我国《禁毒法》的配套法规正式公布,以人性化、科学化的方式,全面系统地规定了自愿戒毒、社区戒毒、强制隔离戒毒和社区康复等措施,明确了责任主体以及戒毒人员的权利和义务。

全国各劳动教养机关根据《禁毒法》、《戒毒条例》的工作要求以及自身的实际工作努力做到了"四个转变",即理念转变、管理转型、重点转移、机制转轨,逐步实现了由劳教戒毒工作向强制隔离戒毒工作的过渡和转型。

为了适应当前的工作需求,即由传统的劳教戒毒向强制隔离戒毒工作转型的新形势以及社会各界对戒毒康复工作发展的需要,满足强制隔离戒毒场所工作民警进一步掌握岗位职业技能和提升综合素质的需要,以及警察类院校相关戒毒专业人才的培养需求,迫切需要一套既能够切实反映当前强制隔离戒毒工作实际需求,又能够较为系统介绍强制戒毒执法流程、管教方法与艺术、文书制作、心理矫治、毒品成瘾机理和戒毒康复知识,体现行业特色需求的指导丛书,这既是教学的需求,更是实践的需要。"强制隔离戒毒工作系列丛书"属于浙江警官职业学院"2010年教师服务行业能力提升工程项目"的子项目的研究成果,对强制戒毒专业知识、心理学、教育学、医学、毒品成瘾机理及毒品理论及工作实务作了较为系统的介绍和论述,对强制隔离戒毒场所工作民警及戒毒康复管理专业人士具有较强的理论和实践指导意义。该套丛书是浙江警官职业学院的专家教授、骨干教师与浙江省戒毒管理局、浙江省十里坪强制隔离戒毒所、浙江省强制隔离戒毒所等行业专家共同合作的产物,是带有原创性的集专著、教材、工具书等多功能于一体的科研成果。创作团队在创作和编纂过程中克服了强制隔离戒毒制度创建时间短、工作理论和实践经验积累不足、参考资料短缺、创作团队知识和能力所限等不利因素,经过一年多时间的艰苦努力和协作攻关,终于圆满完成了这套丛书的创作。

我们衷心希望通过该套丛书的编写和发行,能够为辛辛苦苦战斗在强制隔离戒毒执法和教育矫治领域的广大民警和工作人员送上一份厚礼和精神食粮,并祝愿他们在与毒品违法犯罪作斗争的崇高而伟大的事业中取得骄人的成绩,为维护社会稳定和国家的长治久安创造不平凡的业绩!

前　言

当前,全球毒品持续泛滥,毒品问题已成为世界各国普遍重视并着力解决的法律问题、社会问题乃至民生问题。我国的禁毒、戒毒形势也十分严峻,吸食毒品的种类、人数都居高不下。同时,大量的吸毒诱发了各种犯罪现象,致使毒品犯罪及各种暴力犯罪持续高发。这不仅给社会治安形势带来严峻考验,也使人民群众生命财产安全受到严重威胁。因此,通过各种手段与毒品违法犯罪现象作斗争,开展一场禁毒戒毒的人民战争,最大限度地减少和遏制毒品泛滥已成为当前一项非常紧急的重要任务。

强制隔离戒毒是国家从事禁毒戒毒活动的重要措施,也是国家赋予司法行政机关的一项重要职能,是对强制隔离戒毒人员实施教育、矫治、医疗、康复、救助的重要手段。如何做好强制隔离戒毒工作,如何最大限度地提高强制隔离戒毒人员的戒断率,是强制隔离戒毒机关一直不懈追求的奋斗目标,而认真研究和探索强制隔离戒毒工作的管教方法与艺术,必将对这一目标的最优化起到十分重要的推动作用。

《强制隔离戒毒工作管教方法与艺术》是"强制隔离戒毒工作实务系列丛书"之一,它主要论述在强制隔离戒毒工作中,民警所应遵循的管教方法与艺术。由于我国强制隔离戒毒工作起步较晚,工作中积累的工作经验和方法艺术较为薄弱,该书又系强制隔离戒毒系统带有原创性的著述和工具书,因而在写作过程中难度很大,一是可资借鉴的资料很少,二是很多模式和做法仍在进一步探索和实践中。经过编著团队的不懈努力,经过长达一年多时间的调研、总结和提炼,该书终于和读者见面了,这是我国强制隔离戒毒领域的一件大事、幸事、好事,同时也填补了强制隔离戒毒领域至今没有管教方法与艺术实务书籍的空白。

在写该书作前,编著团队成员经过了大量的调查研究,先后召开了三次由省戒毒局、戒毒所领导和主管民警参加的座谈会和论证会,确定了编写大纲和编写内容。初稿完成后又经过相关专家的论证和审定,在吸收专家修改意见的基础上进一步修订完善,最终才加以定稿。

该书由周雨臣(浙江警官职业学院刑事司法系主任、教授)、柏建国(浙江省十里坪强制隔离戒毒所政治处副主任、副调研员、三级心理咨询师)担任主编,胡跃峰(浙江省十里坪戒毒康复中心副主任、三级心理咨询师)、祝智照(浙江省十里坪强制隔离戒毒所医院副教导员、三级心理咨询师)担任副主编。具体编写章节为周雨臣(第一章)、柏建国(第二、六、八章)、胡跃峰(第三、五章)、祝智照(第四、七章),全书由周雨臣进行统稿和修订。

该书在编著过程中得到了浙江省戒毒管理局领导和同仁的大力支持,并得到了浙江省十里坪强制隔离戒毒所领导和专家型民警的大力协作,以及浙江警官职业学院领导的高度重视和全力支持。学院党委书记周祖勇、院长黄兴瑞对本书的出版非常关心,副院长金川积极承担了该套丛书的总编辑工作,对该书作了认真修改和审定,并提出了许多中肯的修改意见;学院科研处严浩仁处长、邵晓顺副处长,教务处马立骥副处长,纪监审孙承省主任,财务处任建定副处长以及行政执行专业负责人王新兰,对该书的立项、招投标、经费保障等方面给予了多方面的支持和帮助,在此表示衷心的感谢!该书在编著过程中参考了一些专家学者、学术同仁和实际工作部门同志的相关成果,在此一并表示诚挚的谢意!该书还得到浙江大学出版社的鼎力支持,对他们严谨的工作作风和认真负责的态度表示真诚的敬意!由于编著该书属于全新的开创性工作,加之编著者水平、能力有限,书中肯定会有不少欠缺之处,真诚希望各位专家学者、实务工作者和广大读者批评指正,不吝赐教。

编者

2012 年 12 月

目　　录

第一章　强制隔离戒毒工作管教方法与艺术概述

　　强制隔离戒毒工作是国家赋予司法行政机关的一项重要职能,是对强制隔离戒毒人员实施教育、矫治、医疗、康复、救助的重要手段,是促进社会治安综合治理,建设社会主义和谐社会、维护社会长治久安的重要举措。如何做好强制隔离戒毒工作,如何最大限度地提高强制隔离戒毒人员的戒断率,是强制隔离戒毒机关不懈追求的奋斗目标,而认真研究和探索强制隔离戒毒工作的管教方法与艺术,必将对这一目标的最优化起到十分重要的推动作用。

第一节　强制隔离戒毒工作管教方法与艺术的基本内涵

一、管教方法与艺术的基本内涵

　　要想搞清楚管教方法与艺术的基本内涵,有必要对管教、方法、和艺术三个词的含义进行分别的考察和研究。所谓管教(discipline)是指在严格限制下实施的一种赏罚严明的教育。此种教育一般由在上者(教师或家长)指导实施,如用之于个人,则谓之自律(self-discipline)。[①]

　　方法的含义较广泛,一般是指为获得某种东西或达到某种目的而采取的手段与行为方式。它在哲学、科学及生活中有着不同的解释与定义。[②]

　　艺术的含义十分丰富,这里的艺术主要指领导(管理)艺术,具体来讲,是指在领导(管理)的方式方法上表现出的创造性和有效性。艺术,是人类进化过程中的一种好胜心态,也是在同类之间显现自身能力的一种表现。[③]

　　由以上分析可以看出,所谓管教方法与艺术是指在一定的严格条件限制下,管理者为了达到一定的管理目标,运用赏罚分明的手段和措施,在管理方式方法上所表现出来的具有创造性、卓越性和有效性的能力和水平。这一概念主要包括以下几点含义:

　　(1)管教方法与艺术是一种领导者(被管理者)对被领导者(管理者)的管教方法与艺术,它只适用于不平等主体之间的管理,如监狱民警对罪犯、戒毒场所民警对强制隔离戒毒人

---

①　(http://baike.baidu.com/view/141510.htm)

②　(http://baike.baidu.com/view/169819.htm)

③　(http://baike.baidu.com/view/576.htm)

员、家长对孩子、教师对学生等的管理和教育,而不应包括平等主体间的管理和教育,如学生之间的互相管理和教育等。它的实施是建立在严格的条件限制基础之上的。

(2)管教方法与艺术是一种运用奖罚分明的手段而达到管理目标的活动。作为一项重要的管理教育活动,首先必须确定明确的工作目标,而要实现或达到这一目标,必须有奖优罚劣、赏罚分明的手段和措施,否则就难以达到预定目标。

(3)管教方法与艺术是一种在管理上有超群技艺和卓越水平的智慧管理活动。管教方法与艺术不是一种简单的平淡的管理活动,而是一种管理者对被管理者的创造性、有效性和卓越性的管理活动,是一种在总结日常管理经验基础上的超水平、高技艺性的智慧管理活动。

二、强制隔离戒毒工作管教方法与艺术的基本内涵

所谓强制隔离戒毒工作管教方法与艺术是指在强制隔离戒毒工作管理活动中,戒毒场所民警为了实现最大限度地教育矫治强制隔离戒毒人员的目的,在严格遵循我国戒毒法律法规和规范制度的基础上,运用赏罚分明的科学管理手段和措施,在对强制隔离戒毒人员的管理教育活动中所表现出来的高超技艺和智慧管理水平。

(一)强制隔离戒毒工作管教方法与艺术以最大限度实现教育矫治目标为前提

强制隔离戒毒工作的对象是违反国家法律,被公安机关处以强制隔离戒毒的吸毒违法人员,他们既是违法者,又是受害者,还是特殊的脑病患者,他们的吸毒成瘾害人害己,既严重摧残了自己的身体和生命,又严重败坏了社会风气,极易诱发各种社会丑恶现象和犯罪。戒毒场所民警担负着对强制隔离戒毒人员进行教育、挽救、矫治和康复的重要职责,其根本目标是要最大限度地把强制隔离戒毒人员教育矫治成为合格的守法公民和健康的劳动者。众所周知,戒毒是一个世界性难题,要想让强制隔离戒毒人员彻底戒除毒瘾,使他们真正健康地重返社会,单靠民警的满腔热忱是远远不够的,而有效掌握强制隔离戒毒工作管教方法与艺术无疑是使工作事半功倍的重要法宝,也是实现强制隔离戒毒工作目标的重要保障。

(二)强制隔离戒毒工作管教方法与艺术以严格遵循我国戒毒法律法规和规范制度为基础

我国强制隔离戒毒工作是建立在严格的法律法规基础之上的。2008 年 6 月 1 日,《中华人民共和国禁毒法》(以下简称《禁毒法》)正式颁布施行,2011 年 6 月 26 日,《国务院戒毒条例》颁布实施,这标志着我国禁毒戒毒工作全面走上法制化、规范化轨道。除此之外,围绕禁毒戒毒工作,各省市自治区也先后制定了一些地方性法规或规范性文件,各公安、司法行政系统强制隔离戒毒所也分别制定了各种规范制度,这些都为强制隔离戒毒工作的顺利开展提供了坚实的法治基础,也是强戒场所民警必须严格遵守的法律规范和准则。同样,强制隔离戒毒工作管教方法与艺术也必须建立在严格的戒毒法律法规和规范制度基础之上,不能抛开这些法律法规而进行所谓的"方法与艺术创新",否则,不仅不能称为创新,而且是一种违法行为。可见,戒毒法律法规和规范制度是强制隔离戒毒工作管教方法与艺术的法治基础和工作指南。

(三)强制隔离戒毒工作管教方法与艺术是民警在管理教育工作中高超技艺和能力智慧的体现

强制隔离戒毒工作管教方法与艺术是民警在长期的工作实践中,按照法律法规的根本要求,深入研究强制隔离戒毒人员的生理、心理、行为和矫治特点,不断探索强制隔离戒毒急性脱毒期、康复期、巩固期管理和教育的基本规律,并在工作实践中进行思考、分析、提炼、概括,并进而形成一套行之有效的工作机制和方法体系。以此为基础,广大民警在管理教育工

作中还善于把交流推广的成功经验进一步固化和升华,达到智慧经验、行动策略和管教谋略的高度,这就形成了强戒场所民警高超的管教艺术和戒毒治理方略。

第二节　强制隔离戒毒工作管教方法
与艺术的基本原则

强制隔离戒毒工作是建立在国家戒毒法律法规基础上的行政强制活动和严肃执法活动,是对强制隔离戒毒人员进行教育、矫治、救助、康复和技能训练的活动,要完成这一艰巨复杂的活动,必须坚持科学正确的基本原则。《禁毒法》第三十一条规定:"国家采取各种措施帮助吸毒人员戒除毒瘾,教育和挽救吸毒人员";《国务院戒毒条例》第二条第二款规定:"戒毒工作坚持以人为本、科学戒毒、综合矫治、关怀救助的原则,采取自愿戒毒、社区戒毒、强制隔离戒毒、社区康复等多种措施,建立戒毒治疗、康复指导、救助服务功能兼备的工作体系";《公安机关强制隔离戒毒所管理办法》第三条规定:"强制隔离戒毒所应当坚持戒毒治疗与教育康复相结合的方针,遵循依法、严格、科学、文明管理的原则,实现管理规范化、治疗医院化、康复多样化、帮教社会化、建设标准化。"从以上我国有关禁毒戒毒法律法规来看,国家对强制隔离戒毒工作的基本原则已作出原则规定。我们认为,作为建立在强制隔离戒毒工作基础之上的管教方法与艺术也必须遵循这些基本原则。具体来说,强制隔离戒毒工作管教方法与艺术的基本原则主要体现在以下几个方面。

一、依法、严格、文明管理的原则

依法、严格、文明管理的原则既是强制隔离戒毒工作的基本原则,也是强制隔离戒毒工作管教方法与艺术必须始终坚持的基本原则。

坚持依法管理原则,就是要求强制隔离戒毒工作中必须以《禁毒法》《国务院戒毒条例》等一系列禁毒戒毒法律法规为依据,既要全面深刻领会法律法规的精神实质,用活用透用足法律,全面实现依法治所,依法治毒的宗旨,又必须始终以法律为准绳和底线,任何时候都不能突破法律和超越法律,否则就是对法律的亵渎。强制隔离戒毒工作管教方法与艺术坚持依法原则,重在掌握好戒毒法律法规适用的度和边界,使法律适用不偏不倚,恰到好处。

坚持严格管理原则就是要求强制隔离戒毒工作中必须充分认识到,我们所面对的管教对象不同于一般人群,他们身上沾染了吸毒恶习,且其他不良恶习也渗透其中,吸毒不仅对他们的身心健康造成了严重摧残,而且也使他们的人格呈现了严重障碍,这对他们的强戒执行和顺利矫治必然带来极大阻力。对于这样一些既是违法者,又是特殊脑病患者的人员,要想使他们得以彻底矫治,必须进行严格的管理,用严格的规范约束和矫治他们的行为,培养他们坚毅的品格和超人的耐力,并督促和监督他们认真履行强制隔离戒毒人员的所应履行的各项义务和职责,做到时时处处处于法律和规范的约束之中,这样方有可能帮助他们戒断毒瘾,重新走上健康之路。

坚持文明管理原则就是要求在强制隔离戒毒工作中民警对待强制隔离戒毒人员要有正确的认识和理念,要尊重和保护强制隔离戒毒人员的人权,严格在法律法规的界限内进行执法和戒治,切忌采用粗暴、野蛮、落后的管理方式,在执法行为、执法语言、执法措施等方面都要做到有礼有节，有理有度，以身作则，率先垂范。在工作中民警要始终坚持以理服人、以情感人、以制管人、以法励人，让强制隔离戒毒人员始终处在约束、关爱、感召和矫治之中，使他们不得不变、不得不改，最终实现由"瘾君子"到健康公民的转变。

二、以人为本、关怀救助的原则

以人为本、关怀救助的原则是强制隔离戒毒工作中的一条重要原则，也是强制隔离戒毒工作管教方法与艺术应始终坚持的重要原则。首先，坚持以人为本、关怀救助的原则是由强制隔离戒毒工作的基本性质和工作任务决定的。强制隔离戒毒工作既是一种带有处罚性的行政强制措施，又是一种教育挽救和帮助吸毒人员回归健康和尊严的人道主义措施，而且其根本任务不是为了单纯处罚和制裁强制隔离戒毒人员，最终目的是要让他们早日回归社会和家庭，加入到健康公民的行列，过上正常人应该享有的生活。因而，教育、救治和挽救强制隔离戒毒人员，即从强制隔离戒毒人员的根本利益和最大幸福出发是工作的出发点和落脚点，这正是强制隔离戒毒工作以人为本的具体体现和完美诠释。其次，坚持以人为本、关怀救助的原则是中国司法机关治理毒品违法行为的基本态度和价值追求。如何对待诸如吸毒等社会丑恶现象，如何对吸毒人员进行处置，如何与吸毒违法犯罪活动作斗争，在这一世界共同面对的社会现象中，中国政府和司法机关以博大的胸怀，遵循拯救人、教育人、矫治人、康复人的指导思想，从强制隔离戒毒人员的自身利益和幸福美满出发，重在矫治、康复和社会回归，这无疑体现出一种宽广胸怀和博大精神，同时标明了中国政府治理吸毒违法犯罪行为的鲜明立场和基本态度。再次，坚持以人为本、关怀救助的原则对戒毒场所民警提出了更高的要求和目标。它要求广大民警必须具有对强制隔离戒毒人员教育帮助和关心爱护的使命和责任感，正确处理严格执法和以人为本、关怀救助的辩证关系，做到工作中有爱心、诚心、热心、信心、耐心和决心，不因工作中的艰难险阻和强制隔离戒毒人员的抵触、抗拒而畏惧，运用科学的方法、手段和管教艺术帮助他们早日告别毒魔，走向新生。第四，坚持以人为本、关怀救助的原则还要求民警在管教工作中，充分发挥强制隔离戒毒人员民主管理、自我管理的作用和功能。对强制隔离戒毒人员坚持以人为本和关怀救助的原则，单靠强制隔离戒毒机关和民警的艰苦努力还是不够的，还要在民警的管理和指导下，建立健全强制隔离戒毒人员民主管理委员会和自我管理组织系统，让强制隔离戒毒人员自己管理自己，自己约束自己，充分调动每个强制隔离戒毒人员的积极性和创造性，从而取得真正实效。

三、科学戒毒、综合矫治的原则

戒毒工作是一个国际性难题，是人类与毒品现象与危害进行斗争的复杂工程。对于这样一项艰巨复杂的社会活动，在工作中必须始终坚持科学戒毒、综合矫治的原则，这是打响戒毒攻坚战，最终取得强制隔离戒毒成效的根本法宝。

坚持科学戒毒、综合矫治的原则，要求做到以下几点：首先，坚持科学戒毒，必须用科学的态度、科学的思维、科学的方法、科学的手段来对待戒毒工作，深入研究和剖析当前强制隔离戒毒人员的生理、心理、行为和矫治特征，科学辩证认识强制隔离戒毒工作的根本性质，不断探索成功戒治强制隔离戒毒人员的模式和规律，并在戒毒工作实践中不断加以深化和发展；其次，坚持科学戒毒，必须培养和造就一支专业化的高水平的矫治民警队伍。《禁毒法》第四十五条规定："强制隔离戒毒场所应当根据戒毒治疗的需要配备执业医师。强制隔离戒毒场所的执业医师具有麻醉药品和精神药品处方权的，可以按照有关技术规范对戒毒人员使用麻醉药品、精神药品。"强制隔离戒毒工作是一项专业性极强的工作,它涉及医学、生理学、心理学、教育学、法学、精神病学等学科门类,需要有具备以上专业知识和技能的专职人员,他们既要具备人民警察的基本素养,又要有临床医师的职业技能和处方权,还要具有对强制隔离戒毒人员的爱心和情感,这是强制隔离戒毒机关对戒毒人员进行矫治、救助和康复的基本条件。随着强制隔离戒毒所业的发展,这支专业化的民警医师队伍越来越重要;第三,坚持综合矫治的原则,要求强制隔离戒毒场所在工作中应做到司法行政机关与公安机关有机结合,专门工作与群众工作有机结合,社区戒毒、强制隔离戒毒与戒毒康复有机结合,避免在强制隔离戒毒工作中的单打独斗和孤军奋战,只有协同作战、共同攻坚克难才能取得戒毒工作最终胜利。在强制隔离戒毒工作中,还要做到戒毒管理、教育矫治、习艺劳动、生活卫生、安全防范等项工作之间的有机结合,只有这样才能形成工作合力,共同做好强制隔离戒毒工作。

第三节　强制隔离戒毒工作管教方法与艺术的特殊性状分析

一、强制隔离戒毒工作与一般社会工作管教方法与艺术的异同

（一）不同点

1. 性质不同

强制隔离戒毒工作管教方法与艺术是民警在强戒场所执法工作中为了达到教育矫治和救助康复戒毒人员的目的,而在工作实践中总结提炼出的一套行之有效的工作机制和方法体系,它的根本性质实则是一种执法手段和策略措施,总结和提炼管教方法与艺术的最终目的是为了矫正和康复强制隔离戒毒人员,使他们顺利回归社会,成为健康公民和守法公民。而一般社会工作管教方法与艺术则是管理者为了实现一定社会组织或团队的价值目标,通过科学和智慧的管理手段与策略,调动被管理者的积极性和创造性,达到凝聚人心,群策群力,实现组织和团队最终目标的管理和谋略活动过程。可见,在性质上两者截然不同,一种隶属于执法活动范畴,另一种则隶属于社会管理活动范畴。

2. 对象不同

强制隔离戒毒工作管教方法与艺术由其基本性质所决定,它面对的管教对象是由县级以上公安机关作出强制隔离戒毒决定的人员,强戒场所民警与强制隔离戒毒人员是一种执法与被执法、管理与被管理、救助与被救助的关系,双方的权利义务是建立在相关禁毒和戒毒法律法规基础之上的,强制隔离戒毒人员既是触犯国家法律的严重违法人员,也是特殊脑病患者和特殊学员,民警与强制隔离戒毒人员是一种特殊的法律关系。而一般社会工作管教方法与艺术由于依托的是一种社会或经济管理活动,因而其管教对象是正常的社会公民,是既充分享有公民权利,又全面履行公民义务的社会个体,管理者与被管理者的关系是建立在权利义务平等基础上的一般管理关系,他们的管理与被管理行为虽然也要国家有关法律法规约束,但其管理内容和管理手段则完全不同于对违法犯罪人员的管理。

3. 管教手段的内容和方式不同

如前所述,由于强制隔离戒毒工作是一种建立在国家禁毒和戒毒法律法规基础之上的严肃执法活动和对强制隔离戒毒人员的矫治与康复活动,因而,它首先是作为一种严肃的执法活动而存在的。强制隔离戒毒管理机关是国家的政法机关,是人民民主专政的工具部门,强戒场所的管理人员是人民警察,是维护社会治安秩序和国家稳定的重要力量。强制隔离戒毒人员首先是作为严重违法人员而存在的,其次才是特殊学员和特殊病人。在戒毒过程中,强制隔离戒毒人员如果违反法律规定和制度,强制隔离戒毒机关可以采取强制措施,2011年9月19日发布实施的《公安机关强制隔离戒毒所管理办法》(中华人民共和国公安部令第117号)第三十六条规定:"对有下列情形之一的戒毒人员,应当根据不同情节分别给予警告、训诫、责令具结悔过或者禁闭;构成犯罪的,依法追究刑事责任:(1)违反戒毒人员行为规范、不遵守强制隔离戒毒所纪律,经教育不改正的;(2)私藏或者吸食、注射毒品,隐匿违禁物品的;(3)欺侮、殴打、虐待其他戒毒人员,占用他人财物等侵犯他人权利的;(4)交流吸毒信息、传授犯罪方法或者教唆他人违法犯罪的;(5)预谋或者实施自杀、脱逃、行凶的。"而一般社会管理工作由于是建立在平等主体基础上的管理者与被管理者的管理关系,它属于一般社会管理或经济管理范畴,被管理者尽管出现违反管理规定的行为,作为管理者也不能采取刑事或治安管理处罚措施,否则就是严重违反公民权利的行为,即使被管理者触犯法律法规,也只能交由司法机关处理。作为一般社会管理者,只能在法律范围内采取行政、教育、经济等措施,而无权采取刑事惩罚和行政强制措施,这些权利依照法律只能由国家司法机关实施。

(二)相同点

1. 整体管理理念和管理精髓相同

无论是强制隔离戒毒工作管教方法与艺术,还是一般社会工作管教方法与艺术,从整体管理来看,管理的对象都是人,都要坚持"以人为本"的管理理念,都要遵循尊重人、关心人、爱护人、提高人的管理精髓,都是为了实现教育人、帮助人、培养人、造就人的根本目的。坚持"以人为本"的管理理念和管理精髓,在工作中要求管理者要尊重管理对象的人格,不能歧视、侮辱、打骂管理对象,要把管理对象作为能动的个体,充分发挥管理对象的积极性和创造性。要尊重他们的法定权利,要把管理对象同样作为管理主体和合作共同体来对待,做到共同促进,共同提高,切忌把管理对象单纯看成管理客体,更不能把他们作为管理工具来认识。

2. 宏观上管教方法与艺术遵循的规律相同

从宏观角度讲,强制隔离戒毒工作管教方法与艺术和一般社会工作管教方法与艺术所遵循的规律相同。具体来说,在工作中都要研究管理对象的特殊性和管理教育规律,研究管理对象的自身需求,都要运用行之有效的管理手段和方法,如激励与约束、奖励与处罚、表扬与批评等,都要运用科学的管理谋略和管理智慧,体现工作的艺术性,都要围绕工作目标分阶段分步骤开展工作,其最终目的都是为了更优化地实现活动目标和价值追求。

二、强制隔离戒毒工作与监狱、劳教工作管教方法与艺术的异同

(一)不同点

1. 性质不同

由于强制隔离戒毒工作既是一种行政强制措施,又是一种教育矫治和医疗康复措施,因此,强制隔离戒毒工作管教方法与艺术的性质是建立在行政强制执法基础上的教育矫治、救

助帮助、回归康复等手段和策略的工作体系。在工作实践中,管教方法与艺术明显会带有行政强制和行政救助的双重特征;而监狱、劳教工作管教方法与艺术则显然与之不同。由于监狱是国家的刑罚执行机关,它的根本任务是惩罚与改造罪犯,预防和减少犯罪,它的两大职能为惩罚职能和改造职能,其行刑的基本手段为狱政管理、劳动改造、教育改造、心理矫治、文化改造等,监狱的最终目标是要通过有效的行刑,实现对罪犯的惩罚与改造,最终把罪犯改造成为守法公民和社会的建设者。监狱工作的管教方法与艺术是监狱民警在刑罚执行过程中所总结和提炼的方法体系和智慧谋略,其带有鲜明的惩罚性、刑事强制性、改造性和造就性。劳教工作是一项具有中国特色的社会主义行政处罚和教育矫治制度,它是对严重违反治安管理处罚法和其他有关法律法规,主观恶性和社会危害性较大,且具有常习性,但又不够处以刑事处罚的违法人员所实施的一种严厉的行政处罚和违法行为教育矫治措施,它是国家对待和治理严重违法行为的一种重要手段,是维护社会治安秩序,促进社会公平正义,打击和矫治邪恶势力的一种重要举措。因而,劳教工作管教方法与艺术必然带有明显的行政强制性、行政处罚性、教育矫治性和培养造就性。

2.对象不同

强制隔离戒毒工作与监狱、劳教工作管教方法与艺术所实施的对象完全不同。强制隔离戒毒工作管教方法与艺术面对的对象是强制隔离戒毒人员,他们是吸毒人员、违法人员、特殊学员和特殊脑病患者;监狱工作管教方法与艺术所面对的对象是罪犯,是被人民法院判处有期徒刑、无期徒刑和死刑缓期两年执行的服刑人员;而劳教工作管教方法与艺术所面对的对象是被县级以上劳动教养委员会处以劳动教养的严重违法人员和教育矫治人员。以上三种人员的性质完全不同,强制隔离戒毒人员所承担的责任是行政强制,罪犯所承担的责任是刑事处罚,劳教人员所承担的责任是行政处罚,三类人员分别受不同法律法规的约束,体现为性质完全不同的三种司法制度模式。因此,在工作实践中,决不能把强制隔离戒毒人员称为罪犯和劳教人员,也不能把罪犯和劳教人员称为强制隔离戒毒人员,否则,就混淆了三类不同性质对象之间的界限,也会带来工作上的失误和损失。

3.管教手段的内容和方式不同

根据禁毒和戒毒有关法律法规的规定,强制隔离戒毒工作管教方法与艺术既可采取一定的强制措施,又必须体现救助和康复,体现对强制隔离戒毒人员的关爱和救护,因而,在管理手段和措施上,不能采取像对待罪犯那样的刑事惩罚与改造措施,如在监禁上的高墙电网、武装警戒;在管理上的严格限制人身自由和由监禁带来的权利限制;在教育和劳动上的强制性和处罚性等。相反,由于监狱是国家的刑罚执行机关,罪犯是严重触犯国家刑律的受刑人,按照监狱法的要求,监狱民警则完全可以对罪犯采取以上刑事惩罚和刑事强制措施,否则就是违法行为。尽管强制隔离戒毒与劳动教养都属于违法行为,都具有行政强制属性,但是,二者依然有本质区别,强制隔离戒毒本质上属于行政强制性和行政救助性;劳动教养则本质上属于行政处罚性和教育矫治性,劳动教养的性质要比强制隔离戒毒更为严厉,管教手段和措施也更为丰富,因为劳动教养还承担着对劳教人员的一定处罚任务,体现着一定的公平正义,而强制隔离戒毒则不具有这一属性。

(二)相同点

强制隔离戒毒与监狱、劳教工作虽然是三种不同性质的制度模式,其在工作实践中管教方法与艺术的运用也呈现出很大差异,但强制隔离戒毒工作与监狱、劳教工作管教方法与艺术也有一定的相同点,这就是三种制度模式均为我国重要的不可缺少的司法制度模式,均是对违反国家法律法规的违法犯罪人员所实施的制裁或矫正措施;三类人员对社会治安秩序和社会稳定都造成了严重危害,是社会的消极力量和破坏力量,通过有效行刑或严格执法,体现的都是矫正、教育、挽救和回归,最终都是为了把他们由违法犯罪人员和社会的破坏力量转化成为社会的守法公民和建设者;在管教方法与艺术上,都要遵循"教育、感化、挽救"的政策,用严肃的法律、公正的执法、民警的人格、规范的管理、有针对性的教育使他们告别旧我,奔向新生,早日投入社会与亲人的怀抱,成为对国家和社会有用的人。

第二章　强制隔离戒毒流程设计与管教艺术

【案例】

自残者危机干预

危机状况： 2010年某日上午，某戒毒所某大队习艺车间跟往常一样，运转的机器发出嗡嗡的马达声，戒毒人员忙碌在各自的劳动岗位上，偶尔和技术师傅进行简短交谈，一切波澜不惊。戒毒人员方某随意的一瞥打破了这种平静，这一瞥让方某大吃一惊，他立即放下手中的活，起身几步奔向前去，冲到值班警官跟前报告说："报告！我看到王会清（化名）正在用剪刀划自己的手臂。""啊，赶快救人！"值班民警边说边冲向王会清，在骨干戒毒人员的配合下，趁王不备夺下了王手中的剪刀，并在现场安排和参与对王会清流血手臂的简单紧束，然后背起王会清往所部医院诊疗室匆匆地赶去；另一位民警立即按照《戒毒场所突发事件安全稳定防控预案》规定，一方面向值班领导汇报情况，另一方面电话通报所部医院诊疗室，告知其做好急救准备，简要说明现场基本情况。

心理危机干预： 所心理咨询中心在接到这一情况的救助危机报告后，立即采取了危机干预措施。在干预过程中深感戒毒人员有心理成长扶助的急迫需要。为了有针对性地从根本上处理好个案的危机根源，必须采取深度心理危机攻关，进行心理成长治疗。根据《戒毒场所突发事件安全稳定防控预案》，心理咨询师和大队领导、管教民警会商沟通，初步在大队民警和戒毒人员中了解掌握了危机矫治人员王会清的基本情况。王伤得并不重，经过医院的救治已无大碍，在平复了他的情绪之后，我们把王请进了布置温馨的心理咨询室。

危机后干预： 在对个案救助3天后，我们开始随访个案，开始运用叙事疗法对其进行个别辅导。每周一次，每次治疗时间为1小时，共计3次。

来访者自述： 王会清，男，27岁，汉族，未婚，高中学历，生长在浙江省某农村。家中有父母和两个姐姐，家里为供养其读书，两个姐姐很小就辍学，出外打工。他性格内向，不善与人交往。读高中期间，成绩较好，但与同学相处互动不多；在家时，与家人相处和谐，喜欢家里气氛。初中开始，有"打嗝"的毛病，因担心"打嗝"造成别人排斥，在人群中更显得闷闷不乐。高中毕业后，在一家企业打工，收入尚可。但因"打嗝"问题心中苦闷，偶然听人说"溜冰"可以让各种痛苦得到解脱，慢慢沾染上冰毒，2010年某月被送强制隔离戒毒。自残事件发生前两天，再次在点名期间打嗝，引起同组几位戒毒人员的哄笑。由此觉得很丢脸，情绪低落，于事后两天在习艺劳动时，趁人不备，割伤手臂，看着手臂出血了，隐隐作痛，心里反而觉得很舒服，心情没那么压抑了。

心理测验结果：

SDS 总粗分 52 分，标准分 65——中度抑郁。

SAS 总粗分 49 分，标准分 61 分——中度焦虑。

90 症状总分：248 分。

阳性项目数 53 项均分：3.98 分。

部分因子分：抑郁 3.53 分，焦虑 3.08 分，恐怖 2.53 分，人际关系敏感 3.13 分，偏执 2.5 分。

上述结果提示来访者有明显的抑郁、焦虑情绪、人际关系敏感，且以抑郁为主。

首次治疗：问题外化

叙事疗法鼓励当事人将问题与自己分离，采用"对话"的形式与当事人一起将问题进行客观化和具体化，去想象和建构问题是一个人或一个物，外化出来并为其命名，从而更清晰地察觉其实质和影响力。以下是首次治疗的部分内容。

> 治疗师：你主要的问题是什么？
>
> 来访者：我经常不由自主地"打嗝"，让我很苦恼。
>
> 治疗师：哦，"打嗝"，我们来给取一个名字吗？叫"捣蛋鬼"好吗？
>
> 来访者：好的。
>
> 治疗师：那这"捣蛋鬼"是怎么影响你的呢？
>
> 来访者："捣蛋鬼"带给我许多困扰，总觉得它让大家排斥我，以前读书的时候，"捣蛋鬼"总让我无法专心读书，专心干事，整个心情糟透了。我去过许多医院，但没有改善。我妈和我姐也到处打听解决的方法，但没有结果。我的个性内向害羞，又容易紧张，不善于表达。我有时候越紧张它越捣蛋。只要有人在我旁边，"捣蛋鬼"就来。所以我特别害怕在公共场合别人点到我的名字。
>
> 治疗师：人多就害怕？
>
> 来访者：是的，我觉得压力好大，自从有了"捣蛋鬼"，我甚至有过想结束生命的念头。因为对我而言，实在很痛苦。每天都要面对它，真的很烦。但是我不能死，我家里还有父母和两个姐姐，他们为我付出太多了。当压力太大时，我就割伤手臂，看着血渗出来，心里突然觉得很轻松。

"打嗝"问题带来的影响

从个案对"捣蛋鬼"的叙述中发现问题所影响的生活层面与其所造成的后果在程度上是不同的。主要有情绪反应、自我概念、戒治生活、家庭生活和行动五个方面的影响。

情绪反应：个案由于问题"捣蛋鬼"的影响，在情绪方面反映出无奈、紧张并感到相当困扰与痛苦，甚至是绝望。来访者：对我而言，实在很痛苦，每天都要面对它，让我好无奈。真是生不如死。我总是很紧张，无法克制自己的情绪。也许"捣蛋鬼"大多是因为太紧张而引起的。

自我概念：问题对个案在自我概念方面的影响是怨天尤人，认为自己是不好的，不快乐的，是让人讨厌的。上天为什么不公平，家境不太好，本来读书就很不容易。又让我得这种毛病。我很希望与别人一样，但是"捣蛋鬼"让我乐不起来，好讨厌自己。

戒治生活：问题对于个案的戒治生活造成很大的影响，特别是在人际关系上，他显得退缩，不自信，认为别人在排斥自己；即使对较亲近的朋友，他也不太相信他们真正能接受他的毛病，怀疑他们只是碍于情面不说而已。因此，个案在戒毒所的生活很烦闷、不愉快，情绪受到很大的影响。

家庭生活：个案在家里受到问题的影响较为弱小，感觉在家里自在而愉快。

> 来访者：我在家中就很快乐，很自在，所以特别喜欢放假，那就可以整日待在家里了。
>
> 治疗师：为什么呢？不都是面对人吗？
>
> 来访者：家里人都是熟悉的，有安全感，而且他们都认为无所谓，所以我在家会认为没有什么影响，就很轻松地生活。
>
> （个案曾经为"捣蛋鬼"积极地四处求医，但成效不大，让他感觉相当受挫。）
>
> 来访者：为了医好"捣蛋鬼"，我去过不少地方，吃过各种的药。我也曾上网查找，家里的人也帮我四处问解决的办法，但情况还是一样。我进来之前，我姐问到一个老中医，可以针灸治疗。因为一直吃药不好，所以想去试一下针灸看是否有效，后来因为进来了，就没去。

第二次咨询：寻找例外

个案被影响的层面程度不同，在其充满问题的故事中，可能忽视了问题"捣蛋鬼"故事发展的其他可能性和选择性，因此，去寻找不被问题占据的层面和例外经验，比较与主要问题故事的差异，发展出替代故事发展的可能性与多元性，发现解决问题的新契机。

寻找故事中的差异部分

对比个案问题故事中的差异部分，可以帮助个案萌发对问题不同的思考。

（1）网友/父亲询问个案家里的人是否有同样情况

> 治疗师：爸爸也有这个毛病？他如何看待呢？
>
> 来访者：他无所谓，认为可以接受，没有关系；但我的一个网友也有这种情况，却为此很痛苦，认为医不好就去自杀。其实只要我的毛病能好了，我每天就会很快乐，不用像现在这样痛苦。

（2）个别戒毒人员的哄笑/好友的劝慰与不介意

> 来访者：现在同组的几个人，上课或点名时，只要我一出现他们就想笑，虽都强忍着，但我看得出来。这让我很难受。
>
> 治疗师：他们都是这样吗？
>
> 来访者：那倒不是，虽然我和其他戒毒人员来往不是太多，大多数还是没有矛盾。而且几个要好的，时常都叫我宽心，不要太在意"捣蛋鬼"，但我总不能释怀。
>
> 治疗师：那几个爱笑的戒毒人员和你关系怎样？
>
> 来访者：没有什么交情，平时也不怎么说话。

（3）在学校的紧张/家中的自在

> 来访者：以前我在家里会很轻松，完全不在意"捣蛋鬼"的存在，但又不能一直待在家中；以前在外面的时候，还要上班。所以我最快乐的时候是下班回家。上班时，我总是很紧张。我也曾想放弃上班，就呆在家里，但是我的家境不好，全家人已经为了我读书付出了许多，我现在好不容易毕业了，我不去上班的话，就没钱，那怎样去回报我的家人，所以一直忍耐着，哪怕在厂里再不舒服。

（4）求医挫折/持续的求医

来访者："捣蛋鬼"时常会出现，而且每天都这样，很苦恼，吃药和去看医生很多次，都还没好。我经常为了"捣蛋鬼"去看医生，就是想把"捣蛋鬼"给医好。最近我姐问到一个用针灸的中医，出去后想去试试，看有新的进展没有。

寻找例外经验

个案深陷于问题"捣蛋鬼"中备受困扰，但上述叙说的相关差异，又显示出他有忽略掉的能力和有利资源。从与其对话中，发现他有不少对问题产生影响甚至是控制的部分，由此引导他去努力跨出狭小的思维天地，思考与体验当面对问题时，本身并非完全处于无奈、任其摆布的情况，也有对问题产生影响及控制的情况，而这些情况正是个案信心和能力的来源。

（1）网友/父亲

比较网友与父亲的反应，从别人撑过来的正向力量中，找寻自己也可能有的反应。如父亲如何应对？网友如何痛苦地熬到今天？

（2）个别同学的哄笑/好友的劝慰与不介意

个案的病并未遭所有戒毒人员排斥，哄笑的戒毒人员与自己交情甚浅，其"笑"的行为不一定就与"捣蛋鬼"有关；好友的劝慰显现朋友不因"捣蛋鬼"的问题而影响到彼此交情，协助个案思考自己拥有哪些不错特质，让朋友在个案有"捣蛋鬼"的困扰下仍与他做朋友。

（3）在学校的紧张/家中的自在

个案提到在家里较为轻松，由此引导其去思考是发生了何事使自己放松；并将此经验与学校中的紧张进行对比，开启不同经验的可能性。

（4）求医挫折/持续的求医

思考个案面对求医挫折的抗击，愿意持续寻医的原因，去挖掘个案行动能力的部分。

第三次咨询：替代故事

通过与个案一起分析问题故事和寻找例外经验，使其意识到问题故事存在可改变性，藉着发现以前被遗漏和被忽略的事实和环节，找到重写生命故事——替代故事的可能性，对过去问题进行全新角度的内涵诠释，建构起"主动进取的自我"。

网友/父亲

个案对比父亲、网友与自己对待"捣蛋鬼"的看法，发现其实"捣蛋鬼"并不真是那样严重，关键是对其的态度，父亲不在乎"捣蛋鬼"，所以活得没有负担，网友虽说痛苦要自杀，可也撑到了现在，说明"捣蛋鬼"并非不能对抗，自己也许是庸人自扰，只要改变思考角度，可提高抵抗力量。

个别戒毒人员的哄笑/好友的劝慰与不介意

个案认识到自己对"捣蛋鬼"的过分关注，让自己草木皆兵，造成对同组戒毒人员的反应的过分敏感和对好友关心的不信任。自己一直乐于助人，经常帮助一些遇到困难的戒毒人员，大家经常交流对生活的感想，交情很好，所以对自己"捣蛋鬼"的宽容和劝慰应该是发自内心的，自己身上存在不少他们真正欣赏的东西，不能再怀疑朋友们的真诚。选择相信朋友的话，会使压力减轻，能放松心情。

在戒治场所的紧张/家中的自在

在戒治场所的紧张是自己过分注意的情绪反应，心跳加快，肌肉僵硬，进入了恶性循环；而在家里，觉得环境安全，喜欢呆着，所以就放松。结果是越怕"捣蛋鬼"，越要来；不紧张，反而没事。上课时尽量去专心于老师讲什么,点名时注意其他戒毒人员的口令,结果就放松许多,在戒治场所出现"捣蛋鬼"的频率也低了。也许继续努力,转移注意力,放松效果会更好。所以"捣蛋鬼"实际上是能被控制的。

求医挫折/持续的求医

多次求医,中西医都有,大家的观点不一样,有的认为是饮食上有问题,如喝可乐和吃含淀粉的东西太多,有的认为完全是情绪上的问题。个案想两方面都有,结合起来,从两方面注意来改进应该更好。个案改变了饮食结构,不再买可乐、薯片等零食吃了,也开始接受所里的中医的针灸了,"捣蛋鬼"的次数有减少,进展良好。

个案通过对问题故事知、情、行各方面内涵进行再叙述、再建构,为自己找到了喜好故事的持续发展及发展的深层动机和强大动力。

再次心理测验结果

SDS 总粗分 41 分,标准分 51 分;

SAS 总粗分 36 分,标准分 45 分;

90 症状总分:152 分;

阳性项目数 38 项均分:1.68 分;

部分因子分:抑郁 2.17 分,焦虑 1.78 分,人际关系敏感 2.09 分,偏执 2.11 分。

上述结果提示来访者的抑郁、焦虑情绪得到较大程度的改善。

通过对个案一个月的个别辅导,其问题的行为表现及心态都有所改善,关注焦点转移,原来内化很深的自我负面评价开始松动,找到自己所拥有的资源和力量,开启了另一个自己可以着力的地方。

讨论

叙事心理治疗作为一种后现代的咨询技术和治疗模式,充分体现了"多元化"、"去中心"、"反权威"的后现代主义思潮,它强调接受个体的多样性,并尊重这种多样性,是一种"以人为中心的治疗"。叙事心理治疗改变了传统心理治疗中"人就是问题",治疗就是针对来访者病症的理念。运用叙事疗法对话及问题外化技巧可协助个案将自己的问题与自己分开,发现问题对生活所造成的影响,由此察觉自己不受问题控制的生活经验与力量,在对照生活中经验的差异和例外部分,重新编排生命故事,带动个案发展出替代故事的多元性与可能性,从而最终促进个案知、情、行的全面改善。叙事疗法的主要特征是重视语言对于心理的重要作用,对于咨访关系双方的语言表达和语言领悟能力有较高的要求。本例中的来访者学历是高中毕业,具有一定的理解和表达水平,保证了咨询的顺利进行。因此,叙事疗法并不适合所有的来访者。叙事疗法强调倾听与讲述,不做专家的解释与行为指导。叙事疗法的疗程较长,成效是循序渐进的,不适合用于自伤自残危机干预的即时干预,但对于其中后期深度的心理康复却是一个有益的尝试,通过治疗师与来访者以生命故事的"述说"与"再述说"为中介,以来访者充分的自我体验和知觉为前提,挖掘自身潜力,提升掌控力量,帮助他们选择替代现有行为、态度和使用环境的方法,从而体验生命的意义感,最终渡过危机,重新做人。

第一节　强制隔离戒毒流程设计概述

一、强制隔离戒毒流程设计内涵

强制隔离戒毒流程设计是指为完成对强制隔离戒毒人员的戒毒矫治任务,根据吸毒人员不同时期的心理行为特点而采取相应的工作方式和内容。

从临床学的角度看,戒毒(脱毒)的方法主要有三种:药物戒毒法、物理戒毒法、自然戒毒法。但这只是狭义上的戒毒或者称生理脱毒(急性脱毒)。从司法的角度讲,强制隔离戒毒是以上三种戒毒法的延续和综合,既有完成对吸毒人员生理脱毒和身心康复之任务,又包含对戒毒人员的法律处分与教育,是区别于临床学脱毒,与司法层面的自愿戒毒、社区戒毒互补的一种采取法律强制性手段的戒毒方式。因此,强制隔离戒毒流程设计,仅指对强制隔离戒毒人员所采取的工作形式和内容。

二、强制隔离戒毒流程设计的主要任务

强制隔离戒毒流程设计的主要任务包括以下几个方面:

(一)科学设置强制隔离戒毒模式

采取什么样的强制隔离戒毒模式是强制隔离戒毒流程设计的主要任务之一。强制隔离戒毒模式就是指用何种方式为主的管理、教育矫治系统,促使强制隔离戒毒人员通过强制隔离戒毒,达到消除毒瘾、身心健康的目的。目前,全国强制隔离戒毒所采取的强制隔离戒毒模式主要有:广东的"三期四段五环"、江苏的"三期一延伸"、上海的"四流程"等。

(二)科学划分强制隔离戒毒时段

强制隔离戒毒时段划分是强制隔离戒毒流程设计的重要环节。根据强制隔离戒毒工作实践和戒毒医学观察,实施强制隔离戒毒的人员在强制隔离戒毒期内,具有一定的时段特征,因为在强制隔离戒毒期内既要有形式多样的戒毒措施,又要考虑强制隔离戒毒人员适应社会回归社会等问题,因此,科学划分强制隔离戒毒时段有利于系统实施强制隔离戒毒任务的完成。从广东、江苏、上海等地的强制隔离戒毒模式看,以不同的时段作为强制隔离戒毒的切入点是符合强制隔离戒毒实际的。

(三)科学确定强制隔离戒毒各时段的主要管理与教育矫治内容

将强制隔离戒毒确定为分时段为主的模式,就是要根据强制隔离戒毒人员在不同时段所反映的生理、心理、行为等特点,制定有针对性的管理措施和教育矫治的内容,以实现戒毒目标任务的完成。如:在生理脱毒期实施全封闭的行为管控和治疗式教育矫治,以提供无毒环境和针对由脱毒所带来的强烈身心反应的救治;在身体康复期实施以体能康复和心理健康治疗为主的系统支持;在戒毒巩固期实施以适应社会为主的模拟社区就业、有毒环境考验以及后继照管等内容的落实等。

二、强制隔离戒毒流程设计的基本原则

(一)合法原则

强制隔离戒毒流程设计是强制隔离戒毒工作的重要组成部分,是国家行政执法活动,必

须严格依照国家有关禁毒、戒毒法律法规进行，做到"合法、合理"，坚决杜绝为过分追求"戒断率"而采取超出法律约束的措施。

（二）科学原则

强制隔离戒毒流程设计要积极吸收和运用先进的科学戒毒方法，使戒毒措施、方法能够适应不断发展变化的禁毒、戒毒工作需要，达到"科学戒治、成效显著"的要求。

（三）文明原则

强制隔离戒毒流程设计要充分考虑强制隔离戒毒人员违法的特殊性，将他们作为受害者予以对待。要着重围绕教育人、矫治人、帮助人的目的设计流程，体现人文关怀，将文明管理理念落实于具体工作中。

三、强制隔离戒毒流程

与社会一般戒毒机构设置的戒毒流程相比，强制隔离戒毒机构所承担的戒毒矫治任务相对较重，特别是强制隔离戒毒场所的戒毒人员一般均为多次吸毒或受处罚，其彻底解除毒瘾的难度相对较大，强制隔离戒毒场所不仅要完成对吸毒者的生理脱毒，还要对其进行身体康复、人格重树、适应社会等的能力训练和培育，可称为系统工程。虽然，一名吸毒者最终能否成功消除毒瘾，还有赖于吸毒者本人重树的戒毒意志和全社会的帮扶"医治"，但强制隔离戒毒场所作为司法层面的对吸毒者的救治，必将会起到的更大的作用。

根据戒毒工作的实践和长期的医学观察，一名吸毒者（包括复吸人员）要完成一般意义上的戒毒，都将经历由生理脱毒到身心康复的过程。强制隔离戒毒场所就是要将每一名进入强制隔离戒毒场所进行戒毒矫治的人员通过强制隔离戒毒，培养他们的戒毒意志和社会适应能力，使他们降低复吸率或彻底戒毒。

根据"合法、科学、文明"的强制隔离戒毒流程设计原则，强制隔离戒毒流程设计为"三期四段"，即生理脱毒期、身体康复期、戒毒巩固期，脱毒阶段、康复阶段、适应阶段、考察阶段。

第二节　强制隔离戒毒人员生理脱毒期的管教工作目标与管教方法

一、强制隔离戒毒人员生理脱毒期的含义

强制隔离戒毒人员生理脱毒期是指强制隔离戒毒人员生理脱毒所需的时间周期即脱毒阶段。生理脱毒是指通过药物和非药物治疗的方法使吸毒人员顺利渡过急性戒断反应期，帮助其缓解身体上的戒毒症状，能够脱离毒品而减轻生理上的痛苦。生理脱毒期也称急性脱毒期，通常需要一周到三个月时间。

强制隔离戒毒人员生理脱毒期的生理、心理和行为特征：

生理特征：精神萎靡、无精打采、身体虚弱。停药后会出现一系列生理紊乱现象，全身倦怠、四肢无力、烦躁不安、心悸、食欲不振、流泪、流鼻涕、腹泻、失眠、打哈欠等。

心理特征：缺乏自尊心、自信心，自暴自弃、忘乎所以、悲观厌世、情绪忧郁、喜怒无常，有

时焦虑紧张、惊恐不安,易于发怒、谎话连篇,多疑、多猜忌、心胸狭窄、报复心重。

行为特征:

(1)以毒品为中心。生理脱毒戒断反应强烈,短时间对毒品需求强烈,只要有毒品,一切事情抛于脑后,形成以毒品为中心的行为特征。

(2)虚伪欺诈。为了获得毒品或毒资,丧失对家人和社会的诚信,编谎言、说谎话、假承诺。

(3)违法犯罪。贩毒、吸毒都是国家法律禁止的行为,吸毒成瘾者对毒品的需求与国家法律对毒品的禁止,导致吸毒者不惜铤而走险,做出违法犯罪行为。

二、强制隔离戒毒人员生理脱毒期的管教工作目标

强制隔离戒毒人员生理脱毒期的管教工作目标:通过依法、严格管理,确保其在一个良好的无毒环境内顺利渡过急性戒断反应期,接受毒品有害论和人生观、价值观及法制教育,重树戒毒信心。

强制隔离戒毒人员生理脱毒期是戒毒的开始,是强制隔离戒毒人员解除毒瘾最基本的前提和基础,只有顺利通过生理脱毒期,达到生理脱毒的各项指标,才能为身体康复和戒毒成果巩固奠定良好的基础。具体地说,强制隔离戒毒人员生理脱毒期的管教工作目标有:

(一)严格依法履职

强制隔离戒毒场所所履行的戒毒工作,是国家法律法规赋予的任务,体现的是国家的意志,强制隔离戒毒场所在实施戒毒的过程中,要做到有法必依、执法必严、违法必究,在生理脱毒期间及其他各阶段,都应通过认真执行各种规章制度和实施细则将国家相应的法律法规贯穿于戒毒工作的全过程。

(二)创建无毒环境

毒品的存在是吸毒成瘾者戒毒失败的重要原因之一。特别是在生理脱毒期间,强烈的戒断反应几乎可以击垮每一个吸毒者的戒毒意志,只要有毒品,他们就会不惜一切代价以满足毒瘾为先,因此,强制隔离戒毒场所就是要发挥"强制隔离"的优势,为强制隔离戒毒人员创建一个无毒的戒毒矫治环境。

(三)重树戒毒信心

由于戒毒的艰难性,许多强制隔离戒毒人员从生理脱毒的开始,就怀疑自己戒毒意志能否长存,特别是生理脱毒期强烈的身心反应,使一些强制隔离戒毒人员内心矛盾加剧,往往是决心很大,但信心缺乏。强制隔离戒毒场所应重视生理脱毒期强制隔离戒毒人员戒毒信心的重树,为身体康复期和戒毒巩固期奠定良好的基础。

三、强制隔离戒毒人员生理脱毒期管教方法

从实践看,无论吸食何种毒品,完成一般意义上的生理脱毒还是比较容易做到的,但是,完成生理脱毒只是实现戒毒目标的第一步,这个第一步看似容易,实际却对吸毒人员有意无意中留下了不可磨灭的烙印。常言道:"一朝吸毒、终身戒毒",虽然此话不够恰当,但反映了吸毒人员彻底戒除毒瘾的艰难。正因如此,科学开展生理脱毒期的施教方法,对于强制隔离戒毒人员树立戒毒信心、彻底解除戒毒瘾具有非常重要的现实意义。

由于强制隔离戒毒人员生理脱毒期是戒毒人员身心反应较为剧烈的周期,其外在表现除违法者的身份外,更多的是"病人"。因此,在强制隔离戒毒人员生理脱毒期内,管理者不仅需要执法民警,同时更应配备具有医学背景或懂得医学知识的管理人员。这一阶段的主

要管教工作方法和内容：

（一）强化法制教育

首先要让强制隔离戒毒人员认识到吸毒一种非法行为，不仅危害个人利益，也与国家的法律法规相悖。作为一个公民，必须遵守国家的法律法规，培养他们的法律意识。

（二）行为养成教育

主要针对强制隔离戒毒人员模糊错误的思想认识和抵触情绪开展环境适应和行为养成教育与锻炼，帮助强制隔离戒毒人员在生理脱毒阶段能够顺利适应"强制隔离"环境，并通过行为养成训练到达生活习惯健康，纪律意识增强。

（三）生理脱毒反应的症状与应对

从戒毒的全过程看，生理脱毒期反应是最为强烈的，症状表现也最多。强制隔离戒毒场所应配备专业医护人员，与管理民警一起，采取医学、心理、行政等方式，确保强制隔离戒毒人员生理脱毒期的人身安全，顺利渡过戒断综合反应期。

（四）进行全面身体（包括心理健康）检查，建立个人身体、心理档案

对强制隔离戒毒人员生理脱毒期进行全面身体（包括心理健康）检查，不仅有利于对强制隔离戒毒人员在生理脱毒期心理和行为的掌控，更有利于对其今后在康复期和巩固期的教育与矫治，为终身戒毒奠定较为扎实的基础。强制隔离戒毒人员生理脱毒期身体（包括心理健康）检查包括：一般信息采集、生理数据采集与分析、心理人格测试、医学体检（艾滋病筛选）等。

（五）科学掌握生理脱毒的医学指标，确定是否到达生理脱毒

生理脱毒的医学指标：

（1）停止使用控制或缓解戒断症状的药物，包括用于替代递减的阿片类药物和用于控制戒断症状的其他药物。

（2）急性戒毒症状完全或基本消除。或仅残留少量轻度的戒断症状。

（3）尿毒品检测阴性。

（4）纳洛酮促瘾试验阴性。由于吸食毒品的种类不同，有些吸毒者个体并没有明确的躯体戒断症状，因此，此标准只作为海洛因等以阿片类为主的吸毒者及其他有明显戒断症状反应的吸毒者适用。

（六）根据不同的吸毒类型和身心表现，科学划分成瘾等级

随着科技发展，毒品类型也"五花八门"，除传统毒品外，化学合成毒品已被吸毒者广泛使用。毒品成分的不同，导致吸毒者成瘾的程度也不同。强制隔离戒毒场所应依据生物反馈测试、海洛因渴求问卷调查、有毒环境模拟、行为自律检测等手段进行毒瘾程度划分，为实施分类管理提供依据。

（七）严格检查入所戒毒人员所携带的物品，坚决杜绝毒品、刀具、绳索等，实行全封闭严格管理，防止"三自"事件发生

生理脱毒期一般均为强制隔离戒毒人员入所初期，这一阶段，他们的身体和精神都面临极大的挑战，有些甚至无法忍受戒断后出现的一系列生理紊乱现象，极易引发"自伤、自残、自杀"等行为。因此，强制隔离戒毒场所应彻底杜绝毒品以任何方式流入，同时应严格实行全封闭管理的要求，收缴和清理刀具、绳索等违禁物品，确保强制隔离戒毒人员在生理脱毒期内有一个相对封闭、管理严格的环境。

第三节　强制隔离戒毒人员身体康复期的
管教工作目标与管教方法

一、强制隔离戒毒人员身体康复期的含义

强制隔离戒毒人员身体康复期是指强制隔离戒毒人员经过生理脱毒期后,针对其特有的心理和行为反应,进行心理和行为治疗的周期即康复阶段。通常需要三个月到一年时间,甚至更长时间。

强制隔离戒毒人员身体康复期生理、心理和行为特征如下。

生理特征:经过生理脱毒期后,戒毒人员的身体初步得到了改善,有规律的生活促进了他们身体机能的恢复,控制力、注意力、记忆力、思考能力较生理脱毒期有所增强。

心理特征:强制隔离戒毒人员身体康复期心理特征最显著的特点就是慢性稽延性戒断症状。刚刚完成脱毒的人员,中枢神经系统内与药物依赖相关的神经递质系统功能并未完全恢复,尚处于调整阶段,需要一个漫长的过程。大部分人员会出现不同程度的睡眠障碍、情绪波动、心境不佳、烦躁、关节和肌肉疼痛等。稽延性戒断症状作为生理脱毒后的戒断反应,其强烈程度和外表时间与个体脱毒者自身生理、心理素质以及吸食毒品类型的不同等有很大关系,实践中应灵活把握。

行为特征:(1)思想颓废、纪律涣散。由内心"想戒毒与戒毒难"的矛盾,引发对生活信心的丧失,特别是"多进宫"人员,多次"强制隔离戒毒"的经历,对自身戒毒意志产生怀疑,造成思想颓废,纪律意识下降。(2)情绪波动、行为极端。虽然身体康复期戒毒人员生理、心理反应程度较生理脱毒期戒毒人员有很大的好转,但少数稽延性戒断症状反应特别强烈的戒毒康复人员,难以忍受心理和身体的煎熬,易情绪波动、行为极端、不计后果。(3)体质虚弱、四体不勤。处于身体康复期的强制隔离戒毒人员,本应通过各种锻炼增强自身体质,但由于稽延性戒断症状存在,加之以前"违法行为、违法恶习"较深,一些强制隔离戒毒人员热衷于"自由和欺诈",对习艺劳动和身体锻炼抵制甚至抵抗。四体不勤、体质虚弱,容易引发猝死。

二、强制隔离戒毒人员身体康复期管教工作目标

强制隔离戒毒人员身体康复期管教工作目标:通过严格、依法管理,对已完成生理脱毒的强制隔离戒毒人员,开展身体康复治疗,组织体能恢复训练、接受各类教育、参加适度劳动,确保强制隔离戒毒人员在身体康复期内能够顺利度过慢性稽延性戒断症状,进一步增强戒毒信心,增强体质。

强制隔离戒毒人员身体康复期是戒毒的转折点,是强制隔离戒毒人员解脱生理毒瘾后的第一步。这一时期是强制隔离戒毒人员最为矛盾的内心冲突期,特别是客观存在的躯体反应和强烈的"心瘾",决定了强制隔离戒毒人员能否顺利渡过身体康复期。具体地说,强制隔离戒毒人员身体康复期的管教工作目标有:

(一)宽严相济,确保强制隔离戒毒人员在一个良好的环境内医治稽延性戒断症状

强制隔离戒毒人员稽延性戒断症状明显,可以说是强制隔离戒毒人员身体康复期内的重大身心疾患,实施宽严相济的管理措施,对遵守纪律制度的稽延性戒断症状戒毒人员给予相对

宽松的政策关怀,对不遵守纪律制度、不能克制自己行为的稽延性戒断症状戒毒人员给予相对严厉的纪律制度约束,将纪律制度与身心疾患结合医治,不仅能确保强制隔离戒毒人员在一个良好的环境内医治稽延性戒断症状,同时有助于强制隔离戒毒人员锤炼积极的戒毒意志。

(二)采取医学、心理学等措施,确保强制隔离戒毒人员身体和心理得到有效恢复

强制隔离戒毒人员身体康复期是"承前启后"的时期,承前就是经生理脱毒后的成就巩固,启后则是为下一步戒毒巩固奠定良好的身体和心理基础。强制隔离戒毒人员经生理脱毒后,身体和心理均处在比较"虚弱"的阶段,应加大医学、心理学等有助于身体康复的救助力度,以确保强制隔离戒毒人员身体和心理得到有效恢复。

(三)组织开展系列体能康复活动,进一步强化法制、禁毒、人文等教育,确保强制隔离戒毒人员身体素质和思想素质得到增强

强制隔离戒毒人员身体素质和思想素质得到增强,是强制隔离戒毒人员实现彻底戒毒的基本要求,由于毒品对人危害的"特殊性",在实施医学、心理学等救助康复措施外,应积极组织开展各类有益的体能康复活动,进行法制、禁毒、人文等教育,通过确保增强强制隔离戒毒人员思想素质和身体素质来提高戒毒的自觉性。

(四)适度开展习艺劳动,培育正确的劳动观

从实践看,强制隔离戒毒人员大多数不务正业、好逸恶劳。把劳动看作是吃苦,或把劳动收入拿来购买毒品才觉得不枉"劳动",缺乏正确的劳动观、消费观。因此,在身体康复期适当组织习艺劳动,既可以让他们在劳动中培养正确的劳动观,又可以通过劳动获得一定的劳动技能,同时还能通过适当劳动达到锻炼身体的目的。

三、强制隔离戒毒人员身体康复期管教工作方法

依据强制隔离戒毒人员身体康复期的生理、心理和行为特征,强制隔离戒毒人员身体康复期的管教方法和内容,不仅要健全医学、心理学意义的诊治,还应在完成生理脱毒期教育的基础上更加注重认知教育和行为矫治。具体的管教工作方法和内容有:

(一)强化认知教育,激发戒毒动机

戒毒人员是否具有纯正的戒毒动机和充分的戒毒决心是能否成功戒毒的关键。而认知教育是促成戒毒人员激发戒毒动机和决心的主要因素:①以信条警示作为营造戒毒氛围主要内容。用"吸食毒品,害人害己"、"莫沾毒品,莫交毒友"、"吸毒是自残自杀,戒毒是唯一出路"、"我要戒毒、成功戒毒"等警示语,以上墙标语、课堂教授、自我宣誓等形式深入到戒毒人员的生活领域,目的是使他们深刻认识毒品的危害性,以坚定信心、坚决戒毒,达到"听到毒品就害怕,想起毒品就可怕,忆起吸毒就后怕,坚决戒除就不怕"的警示和震慑教育效果。②启发戒毒人员正视自己的困难和心瘾。当自己的思想发生动摇,心瘾发作,难以控制思想行为时,要主动寻求亲属、益友、单位和公安机关的帮助,从危险境地脱身。③思想认知的强化。引导学会用全面、科学、正确的眼光看世界、看生活;以案讲法,使他们真正明白守法与违法的界限。④戒毒观念的矫正。针对"吸毒成瘾是一种顽固的反复发作的脑部疾病"、"一日吸毒,十年戒毒,终生想毒"的问题,对戒毒人员做好持之以恒的戒毒观念矫正教育,真正铲除他们心灵深处"毒难戒"、"戒不了"的瘾念。

(二)确立目标,有的放矢

管理教育戒毒人员是一门科学性很强的工作,而科学性来自于真实性,只有目标准确,工作才有实效。强制隔离戒毒人员身体康复期属于"身心"可塑的最佳阶段,要对症下药,因

人施教。认真分析每个人的吸毒原因,准确掌握个体吸毒史,全面了解他们的成瘾情况、身体状况、心理状态、社会背景、家庭状况等都有助于我们转变他们的思想、心理及行为,达到事半功倍的目的。比如对待由于好奇、追求时尚等而吸毒的戒毒人员,就要加强对毒品危害性认识教育及人生观、世界观教育;对待有成瘾严重、个性散漫、社会背景、家庭环境不太好等情况的戒毒人员就要在加强人文关怀、个性化教育的同时,进一步加强纪律管理,以免其严重违纪或有其他违法行为等。

(三)医疗介入,多措并举

强制隔离戒毒人员身体康复期是肌体机能和心理健康恢复的重要期。积极推进医疗介入,加强疾病治疗,预防各种疾病的传播,对增强戒毒人员的身体素质、增强戒毒信心、降低复吸率具有非常重大的意义。①完善个人身体档案记录,定时开展健康普查。②建立个人心理档案或周桥日记,及时发现、纠正或医治不良情绪。③积极开展心理咨询、辅导、治疗。用心理学的理论对吸毒行为进行分析,得出相应的心理障碍的诊断,对戒毒人员具体诊断给予常态化、机制化的心理辅导和心理治疗。引导强制戒毒人员开展心理康复训练,使他们能够运用心理学知识开展"自我评估、自我调节、自我发展",从而在遇到挫折和情绪波动时,能理智对待、冷静处置。④加强文化建设。通过健康向上的文化娱乐活动充实戒毒人员空虚的心灵,提升戒治文化载体的品位,抵制吸毒文化的负面影响;争取以丰富多彩的文化娱乐活动占据戒毒人员更多的闲暇时间,从而避免由于空虚无聊而诱发吸毒念头或赌博、打架、寻衅滋事等不利于所内秩序稳定和戒毒人员矫治工作的事端。

(四)积极开展体能康复训练

强制隔离戒毒人员长期遭受毒品危害,身体机能受损严重,要实现彻底戒毒,就必须恢复身体机能,以增强身体素质。强制隔离戒毒人员在戒毒康复期,除接受形式多样的教育和管理活动外,要特别注重身体康复训练,其主要内容有:太极拳、广播体操、慢跑、俯卧撑、仰卧起坐、跳绳、乒乓球、羽毛球、篮球、健美操等。

(五)进行适度的习艺劳动锻炼

强制隔离戒毒人员戒毒康复期进行适度的习艺劳动,既能培养他们热爱劳动的习惯,树立正确的劳动观,又能通过劳动锻炼,增强他们的组织纪律观念和身体素质。当然,由于他们正处于身体康期,应选择劳动强度不大、生产工艺简单、符合环保要求、安全系数高的项目进行,并且在劳动时间、劳动产量方面从轻要求。

第四节　强制隔离戒毒人员戒毒巩固期
的管教工作目标与管教方法

一、强制隔离戒毒人员戒毒巩固期含义

强制隔离戒毒人员戒毒巩固期是指强制隔离戒毒人员经过生理脱毒、身体康复后,转入强制隔离戒毒成果巩固的时间周期。包含适应和考察两个阶段。一般需要一年以上时间。

强制隔离戒毒人员戒毒巩固期生理、心理和行为特征:

生理特征:通过生理脱毒期、身体康复期的综合诊治,各项生理指标达到标准,身体机能得

到进一步恢复。思辨能力、行为控制、情绪波动等趋于正常,戒毒戒断的生理症状基本消除。

心理特征:矛盾心理有所加剧,主要是良好的无毒环境与即将面临的社会环境所带来的心理(心瘾)挑战。包括由"管制"到"自由"后所面临的家庭、朋友、社会、就业等方方面面的压力。

行为特征:能融入集体生活,遵守相关法律和纪律,用积极心态参加各类文娱活动。能冷静友好地处置与他人关系,服从指挥,对抗性进一步减弱。但也不排除少数戒毒人员由于强制隔离戒毒"经验"丰富,或迫于严格的纪律压制,存在伪装成分。

二、强制隔离戒毒人员戒毒巩固期的管教工作目标

强制隔离戒毒人员戒毒巩固期仅指强制隔离戒毒人员在"强制隔离"期间的一项工作内容,是狭义的"戒毒巩固"。吸毒人员要彻底根除毒瘾,防止复吸,取得戒毒成功,有心理、生理、家庭、社会等方方面面的原因,强制隔离戒毒人员戒毒巩固期只是相对于生理脱毒期、身体康复期而言,真正意义上的戒毒巩固期不仅需要三年、五年、十年,甚至是一生的。

强制隔离戒毒人员戒毒巩固期是他们回归社会前的基桩工程,这一时期的工作能否取得实效,不仅关系到强制隔离戒毒人员在整个强制隔离戒毒期间所取得的成果能否巩固,更关系到他们回归社会后能否承受"有毒环境"的考验,达到彻底戒毒,远离毒品。因此,强制隔离戒毒人员戒毒巩固期是戒毒人员要达到成功戒毒的关键。具体地说,强制隔离戒毒人员戒毒巩固期的管教工作目标有:

(一)进一步增强法制、道德、禁毒、戒毒教育,提高综合素质

通过对前期教育矫治和戒毒康复措施的总结,系统进行法制、道德、禁毒、戒毒等教育,强化自觉严格的守纪意识、勇于承担的责任意识、积极向上的进取意识,达到提高强制隔离戒毒人员综合素质的目的。

(二)进一步增强心理康复训练,提高对外界的"抗干扰"能力

戒毒巩固期内,应加大心理康复训练的力度,通过模拟形式多样的心理受挫环境,帮助强制隔离戒毒人员掌握应对外界"干扰"的能力。

(三)进一步增强行为矫治,提高遵纪守法的自觉性

管理上总体以宽松为主,但须设定分级处遇标准,对于戒毒巩固期内不能自觉遵守相关纪律约束的强制隔离戒毒人员,要采取必要的强制手段和处罚措施,通过强化行为矫治来提高遵纪守法的自觉性。

(四)强化职业技术教育,为重新就业创造条件

戒毒巩固期内,除常规教育和活动外,应以职业技术教育为主,要围绕强制隔离戒毒人员的就业难点和特点,进行适合就业的职业技术教育,为重新就业创造好的条件。

(五)强化回归适应性教育,为回归社会做准备

通过模拟社区或直接参加社区活动,强化强制隔离戒毒人员回归社会、融入社会的适应性训练,为回归社会做好思想和行为的准备。

(六)强化后继照管,为成功戒毒送上一程

戒毒巩固期内要充分了解和掌握强制隔离戒毒人员社会关系和家庭背景,考虑他们解除强制戒毒后可能遇到的问题和困难,依靠组织的力量,为他们回归社会做好必要的交接,为他们成功戒毒送上一程。

三、强制隔离戒毒人员戒毒巩固期管教工作方法

处于戒毒巩固期的强制隔离戒毒人员生理、心理和行为特征与处于生理脱毒期、身体康

复期的强制隔离戒毒人员有着明显的区别,这一时期的强制隔离戒毒人员随着回归期的临近,逐渐淡忘的"毒品"在他们脑中又忽隐忽现。因此,对处于戒毒巩固期的强制隔离戒毒人员的管理教育,应在前期教育的基础上侧重以"培养戒毒意志,适应回归社会"为主,帮助他们牢固树立戒毒决心,永离毒品。具体的管教工作方法和内容有:

(一)继续强化法制教育,引导树立法制观念

通过组织对基本法律法规的学习,使他们了解公民的权利和义务,了解自身违法犯罪担负的法律责任和后果。大力开展思想道德教育,确立积极向上的人生态度。开展社会主义荣辱观教育,使强他们知荣辱、求奋进。开展爱国主义教育,使他们了解党史国情,增强爱国精神和民族自豪感。

(二)继续强化心理健康教育,提高"心理受挫"能力

"毒瘾"是毒品和心理共同作用的结果,心理健康是强制隔离戒毒人员在整个"强制隔离戒毒"期间最为重要的内容,特别是戒毒巩固期,强制隔离戒毒人员又将面临许多新的考验,因此,继续强化心理健康教育显得尤为重要。这一时期心理健康教育重点:①掌握应对压力和挫折的正确方法,提高心理承受能力。②假设可能遇到的问题、困难,提供解决的办法。如:家庭不接纳怎么办?"毒友"来找怎么办?一时找不到工作怎么办?③掌握调控情绪的方法,能够很好地把握自己的情绪。④模拟有毒环境,把握几种远离毒品的技巧。如:不与"毒友"见面、寻求稳定工作、培育良好人际关系、毒瘾来时寻求亲人和医生帮助等。

(三)强化行为矫治,增强纪律意识培养

严格强制隔离戒毒人员戒毒巩固期的行为矫治和纪律要求,建立赏罚分明的行为矫治考核、诊断评估、分级处遇等制度,培养他们严守纪律的行为习惯。

(四)强化职业技术教育,为重新就业创造条件

强制隔离戒毒人员走上违法之路的一项重要原因就是好逸恶劳,缺乏劳动锻炼或谋生手段。在强制隔离戒毒人员戒毒巩固期内,应着眼于他们解除后重新就业的角度,结合习艺劳动,大力开展职业技能教育。职业技能教育应取得社会劳动部门的支持和认可,获得相应的职业技能资格或技术等级证书,使他们掌握一技之长,以帮助他们回归社会后的择业能力提升。

(五)强化回归适应性教育,为回归社会做准备

在强制隔离戒毒人员戒毒巩固期的后期,暨即将解除"强制隔离"前期,应加大回归适应性教育力度,帮助其树立面对"回归"的信心和决心。回归适应性教育除戒毒巩固教育、心理教育、就业形势教育外,还需充分考虑不确定的其他因素,如家庭的冷漠、亲属的歧视、社会的偏见、毒品市场的客观存在等。有条件的可以建立模拟社区,让他们在回归前亲历外界环境,做好回归社会的准备。

(六)强化后继照管,为成功戒毒送上一程

强制隔离戒毒人员戒毒巩固期的后期,不仅要做好回归前的准备,还应主动与家庭、社区、单位、公安派出所等有关部门联合建立监督、扶持、帮教体系,以便及时对戒毒者提供生活保障、心理教育、职业安置、法制教育、定期尿检监管等方面的支持和帮助,使他们能作为一个正常人适应并融于正常的社会生活当中。同时要建立定期回访制度,追踪走访、教育出所戒毒人员,对戒断巩固成功的人员,邀请他们回所座谈,用自己的亲身经历来教育在所戒毒人员;对有复吸嫌疑的人员,及时提请有关方面加强教育监管,力求通过后续照管,使戒毒人员得到戒毒巩固,从而降低复吸率。

第三章　戒毒工作模块设计与管教艺术

第一节　戒毒工作模块设计概述

《禁毒法》颁布实施后,各地的强制隔离戒毒场所及其民警积极投入到构建强制隔离戒毒工作模式的实践与探索工作中,提出了多种戒毒工作模式如"三区四期"模式、"L－TC"模式、"三期四段五步"模式等,但都处于探索阶段,目前仍没有一种模式主导强制隔离戒毒工作。根据吸毒人员的群体特征,按戒毒工作的目标任务,区分工作模块,分步设定戒毒目标,达到强制隔离戒毒的目的,对推进强制隔离戒毒工作的规范化、科学化具有现实意义。

一、戒毒工作模块设计的认识基础

强制隔离戒毒法律制度是对劳动教养戒毒法律制度的继承与改革。从继承与改革的角度看,强制隔离戒毒法律制度继承了劳动教养戒毒法律制度很多有益的经验,同时对劳动教养戒毒法律制度的不足之处进行了改革。强制隔离戒毒法律制度更加突出"以人为本"的理念,更加强调对吸毒成瘾人员的帮助,更加突出戒毒工作的主业地位,更加突出科学戒毒的戒毒工作实质要求。认识这四个"更加"是设计戒毒工作模块的基础。

（一）突出"以人为本"理念

劳教机关从教育、感化、挽救的工作方针出发,结合"三像"指示精神,对劳教戒毒人员实行人性化管理,给予充分的关爱,取得了积极的经验。强制隔离戒毒则在继承这些积极经验的基础上进一步改革和升华,更加突出对吸毒人员的人文关怀。《禁毒法》规定的强制隔离戒毒弱化了对吸毒人员的惩罚,将"教育与挽救吸毒人员"当作强制隔离戒毒工作的价值取向,强调"帮助"吸毒人员戒除毒瘾,强调人文的教育挽救措施而不是处罚,强调对吸毒人员进行强制隔离戒毒是赋予吸毒人员的人身健康权利。在对戒毒人员的定性上,强调吸毒人员既是违法者,又是被害者,更是成瘾的病患者,突出了强制隔离戒毒是治疗、教育、挽救吸毒者为目的,而不是强调惩罚。强制隔离戒毒工作的内容设计应从有利于吸毒人员戒除毒瘾的角度出发,以帮助吸毒人员戒除毒瘾为根本,体现国家对吸毒人员的关爱。

（二）突出戒毒主业地位

以人为本的禁毒工作理念突出了戒毒是强制隔离戒毒工作的主业,其他工作都从属于戒毒工作的方法论。强制隔离戒毒,顾名思义就是以强制手段,采取封闭隔离的方法,帮助吸毒成瘾人员进行戒毒,让吸毒人员在强制隔离的情况下巩固和提高戒毒成效,最终达到戒断的目的。《禁毒法》强调对吸毒人员"进行有针对性的生理、心理治疗和康复训练",从中也揭示了强制隔离戒毒主要工作内容是场所强制吸毒人员戒毒的主要工作,其他一切工作都是为戒毒这一主业服务的,即使组织吸毒人员参加生产劳动,其劳动项目、劳动强度、劳动时间等都必须以是否有利于戒毒为衡量标准。另外,从戒毒人员的诊断评估工作标准中也不难发现,标准依据是"戒毒成效",突出了戒毒的主业地位。戒毒的主业地位要求强制隔离戒毒场所在设计戒毒工作内容时,必须充分体现和突出戒毒工作的内在要求,工作内容与戒毒目标相统一。

（三）突出科学戒毒要求

对吸毒人员进行人生观、世界观、价值观的教育是提高吸毒人员思想认识的一种重要教育挽救措施,吸毒人员也可能有各种各样的违背道德标准、违反法律法规的问题,但在强制隔离戒毒这短短的二三年时间内不可能解决一切问题。每一个正常的人都需要在长时间的成长历程中,通过培养与历练才能形成符合社会规范的人生观、世界观、价值观。强制隔离戒毒场所的工作目的,主要是"采取各种措施帮助吸毒人员戒除毒瘾,教育挽救吸毒人员",体现了强制隔离戒毒的工作目的科学性。

对吸毒人员"进行有针对性的生理、心理治疗和康复训练"既是强制隔离戒毒工作的主要内容,也揭示了强制隔离戒毒工作的主要工作手段,从吸毒人员的群体特征出发,尊重个体特性,设计戒毒工作内容,有针对性地开展戒毒工作,是科学戒毒的精神实质。

二、戒毒工作模块设计的实践基础

从宏观层面看,吸毒人员群体具有戒断症状和稽延性症状突出;生活习性异常、规律性差;道德法制的认知水平不强;心理健康水平低、精神疾病高发;文化程度不高、谋生就业技能低;社会支持系统受损,家庭矛盾突显等特征。实践中,强制隔离戒毒场所根据吸毒人员的成瘾程度,采取药物治疗,帮助吸毒人员克服生理上的毒品依赖,针对吸毒人员各种身体并发症,开展正常的生理疾病治疗;着手培养吸毒人员健康的生活习惯,并通过心理治疗,结合体能训练、行为规范训练、行为养成、劳动锻炼、复吸预防训练等矫治,帮助吸毒人员克服心理上对毒品的依赖;着手教育引导吸毒人员正确对待自己、对待他人,并结合实际向吸毒人员传授拒毒、防毒技巧;着手开展吸毒人员职业技能培训,传递社会就业信息,同时加强回归训练,帮助戒毒人员顺利回归社会;着手建立吸毒人员的回访机制,同时加强帮教工作,帮助吸毒人员巩固戒毒成效等,对帮助吸毒人员戒除毒瘾起到了较好的作用。

从戒毒工作的规范化、科学化出发,将戒毒工作内容按照不同的工作目的,进行模块式的设计,对不同的工作模块分别建立不同模块的目的、内容、流程、评价系统,在现实工作中具有实践价值,对戒毒效果评价与具体实施都带来方便。强制隔离戒毒工作系统可分成戒毒治疗与护理、健康生活习惯培养、身体康复、心理康复、认知水平提高、防复吸专项训练、职业技能培训、回归适应训练、跟踪照管等十个工作模块。

第二节　戒毒治疗和护理工作模块的设计与实施

收治吸毒人员时,有些吸毒人员已经完成生理脱毒,也有些吸毒人员可能没有完成生理脱毒品,这种情况在强制隔离戒毒场所经常遇见。对未完成生理脱毒的强制隔离戒毒人员进行生理脱毒,对已完成生理脱毒的强制隔离戒毒人员进行稽延性症状治疗护理,完成吸毒人员的身体健康状况评定,是强制隔离戒毒场所的戒毒工作的开始。所以,强制隔离戒毒工作有必要设计戒毒治疗与护理工作模块。戒毒治疗与护理工作由强制隔离戒毒场所的医务人员和戒毒工作民警共同承担,治疗护理工作以医务人员为主,管理教育工作由戒毒工作民警主导。

一、工作目的

为遵循安全有效、科学戒治、救护照料、减压疏导、有利康复等原则,开展戒毒人员的戒毒治疗与护理工作,减轻或消除戒毒康复人员的戒断症状和稽延性症状,为顺利实施强制隔离戒毒工作奠定基础。

二、工作内容

主要有以下八项:开展入住初诊;开展药物滥用情况调查;作出戒断症状或稽延性症状评定;作出健康状况评定;作出身体状况综合评估;开展戒毒治疗与护理流程;建立个体身体康复跟踪资料;根据成瘾、感染、并发症、慢性病等确定跟踪类别。

三、工作流程

(1)收治时开展常规身体检查。

(2)对吸毒人员开展问诊,包括既往史、现病史、症状、毒品使用情况、治疗情况等。

(3)用《戒断症状量表》评估戒毒人员的戒断症状。

(4)用《一般健康状况量表》评估戒毒人员的身体健康状况。

(5)作出初步身体状况的诊断意见。

(6)对戒毒人员开展戒毒治疗和护理。

(7)对戒毒人员开展持续性动态监测与评估并记录在案。

(8)对戒毒人员跟踪随访。

四、工作评价

(1)诊断及体检。

(2)戒断症状评估。

(3)一般身体健康状况评估。

(4)症状缓解、身体恢复状况。

(5)工作完成阶段性评估。

(6)作出下一步康复的措施及建议。

五、工作常用工具

1.戒毒人员身体康复跟踪表

戒毒人员身体康复跟踪表

姓名		性别		出生年月	
婚否		籍贯		期限	
吸毒史	吸毒种类： 吸毒方式：			吸毒时间：	
一般情况	身高		体重		血压	
	自我感觉：				
	其他(精神,饮食,二便)				
各系统症状（每一个症状减1分）	症状总评分				
	神经精神系统				
	呼吸系统				
	循环系统				
	消化系统				
	泌尿生殖系统				
	造血系统				
	内分泌与代谢系统				
	肌肉骨骼系统				
	症状群				
体格检查（每一项异常减1分）	体征总评分				
	体温		脉搏		呼吸		血压	
	面色:良好,一般,差 _____ 精神状况:良好,一般,差 _____ 意识:清,差 _____ 发育:良好,一般,差 _____ 营养:良好,一般,差 _____ 握力:_____kg				
备注（实验室检查）					

2.戒断症状评定表

戒断症状评定表

症状与体征	程度			
失眠	0	I	II	III
出汗增加	0	I	II	III
骨、关节疼痛	0	I	II	III
起鸡皮疙瘩	0	I	II	III
全身不适	0	I	II	III
打哈欠	0	I	II	III
流泪	0	I	II	III
无食欲	0	I	II	III
全身软弱无力	0	I	II	III
流涕	0	I	II	III
疲惫	0	I	II	III
抑郁	0	I	II	III
冷热交替出现	0	I	II	III
头晕目眩	0	I	II	III
寒冷	0	I	II	III
口干	0	I	II	III
呕吐	0	I	II	III
心悸	0	I	II	III
不真实感	0	I	II	III
小便困难	0	I	II	III
肌肉张力增加	0	I	II	III
肌肉疼痛	0	I	II	II
头痛	0	I	II	III
胃肠绞痛	0	I	II	III
腹泻	0	I	II	III
手颤抖	0	I	II	III
肌肉痉挛	0	I	II	III
昏睡	0	I	II	III
畏光	0	I	II	III
皮肤"蚁走"感	0	I	II	III
其他(请说明)	0	I	II	III

说明:每项症状/体征根据严重程度分为0～III级;

0:无任何症状体征;

I:轻微或偶尔出现的症状/体征,无需特殊治疗/处理;

II:中等程度的症状/体征

III:严重的症状/体征,一天中大部分时间受此症状/体征困扰,有强烈要求治疗的欲望。

3.戒毒人员健康状况评定量表

戒毒人员健康状况评定量表

一般状况	是(1分)	否(0分)
1.疲乏无力		
2.食欲不振		
3.体重减轻		
4.发热		
5.盗汗(夜汗)		
6.睡眠不好(如入睡困难、早醒)		
7.淋巴结肿大		
8.黄疸		
9.出血倾向		
10.伤口不易愈合		
11.牙齿牙龈(口腔)问题		
12.视力障碍		
13.听力障碍		
总分:_____		
心肺问题	是(1分)	否(0分)
1.持续咳嗽		
2.咳痰		
3.咯血		
4.气喘		
5.嗓子痛		
6.呼吸急促		
7.胸痛		
8.心律不齐		
9.脚、下肢水肿		
总分:_____		
神经系统问题	是(1分)	否(0分)
1.头疼		
2.一过性晕眩		
3.震颤		
4.手脚麻木/刺痛		
5.眩晕		
6.惊厥		
7.记忆缺失		
总分:_____		
胃肠系统问题	是(1分)	否(0分)
1.恶心		
2.呕吐		

3.胃疼		
4.便秘		
5.腹泻腹痛		
总分：_____		
生殖/泌尿系统问题	是(1分)	否(0分)
1.尿疼、尿急		
2.无性欲		
3.生殖器疾病		
4.性传播疾病(STD)		
总分：_____		
骨骼、肌肉问题	是(1分)	否(0分)
1.骨关节疼痛、僵直		
2.骨折		
3.肌肉疼痛		
总分_____		

六、工作的个案报告示例

【案例】

戒毒治疗与护理工作个案

一、患者基本情况

杨××，男性，38岁，浙江省舟山市人，吸食海洛因四年余，近三个月改为注射使用，频率1次/天，每次用量0.2g。末次使用时间为2012年7月9日4:00P.M.，方式为注射，药量不详。在未脱毒情况下，于2012年7月11日由浙江省A强制隔离戒毒所收治。期限自2012年7月11日起至2014年7月10日止。鉴于其未生理脱毒，收治后安排住院开展戒毒治疗与护理工作。

二、初诊情况

(一)患者主诉

患者否认患有结核、肝炎等传染性疾病，否认有高血压、糖尿病等遗传性疾病。诉全身疲乏无力感，食欲不振、恶心、呕吐、腹泻，失眠严重，每晚入睡2小时左右。偶有全身不适、哈欠、流泪、冷热交替等戒断症状，腰酸痛明显。有焦虑、情绪低落感。

(二)初诊检查

一般体检：血压、心率等生命体征正常；心电图示窦性心律，ST段压低，右房肥大可能；血常规、肝功能正常；尿检吗啡阳性；余无殊。症状体征：患者神志清，精神状态差，消瘦明显，皮肤暗黄，巩膜有黄染。失眠严重，每晚入睡2小时左右；食欲不振，体重减轻，有恶心、呕吐；腹泻5～6次/天，稀便，伴腹痛。每天有成瘾药物渴求感，发作时有虚汗、哈欠、流泪、鸡皮疙瘩、冷热交替出现等全身不适感。腰背酸痛明显，骨、关节轻微疼痛。患者情绪较低落，有焦虑不安感。心理状况初诊：BPRS(简明精神病评定量表)测得总分为33分，根据相关诊断标准，属正常值。

三、戒毒治疗与护理流程

(一)基本情况的了解与入住初诊

一是对患者的基本情况进行了解,包括年龄、籍贯、吸毒史、吸毒频率剂量、之前的脱毒情况等,详细记录在案。二是记录患者主诉并对患者进行一般体检,包括生命体征、血液检测、尿液检测、胸片、心电图等实验室和影像学检查。该患者心电图示窦性心律,ST 段压低,右房肥大可能;尿检吗啡阳性,余无殊。三是观察症状和体征。患者精神状态差,消瘦明显,失眠严重,每晚入睡 2 小时左右;食欲不振,体重减轻,有恶心、呕吐;腹泻 5～6 次/天,稀便,伴腹痛。每天有成瘾药物渴求感,发作时有虚汗、哈欠、流泪、鸡皮疙瘩、冷热交替出现等全身不适感。腰背酸痛明显,骨、关节轻微疼痛。患者情绪较低落,有焦虑不安感。四是确定初诊。该患者有明显的戒断症状,系海洛因成瘾躯体和心理依赖期。

(二)戒断症状和稽延性症状评定

引用《戒断症状评定表》评估戒断症状的严重程度,该患者戒断症状评定结果为 19 分,有中等程度的戒断症状。

(三)一般身体状况的评估

根据《戒毒康复人员健康评定量表》评定患者的一般身体状况,该患者一般健康状况评分结果 11 分,有轻度的健康问题。

(四)身体状况的综合评估

根据患者的具体症状和体征、体检结果,结合戒断症状评定和一般身体状况评定结果,该患者有较明显的戒断症状和中等程度的身体症状,其焦虑心理情绪需要干预矫治,需保证休息并接受安静舒适的环境进行专业系统的矫治和护理。

四、治疗与护理措施

患者系传统型毒品海洛因成瘾,有比较明显的戒断症状,心理情绪状况差,因此重点围绕患者生理、心理症状开展了专业、规范、安全的整体戒毒康复治疗与护理。

第一周康复治疗:①因海洛因属阿片类药物,其成瘾后有明显的戒断症状,为确保患者安全,康复中心安排专人陪护,民警 24 小时照管。②配备束缚椅,防止毒瘾发作时危及人身安全。制定紧急预案,以防意外。③详细了解患者的状况后,根据患者存在的戒断症状,咨询专业医师,备有丁丙诺啡,需要时舌下含服。患者每天均有哈欠、流泪、鸡皮疙瘩等症状,前几日较轻微,于第四日比较明显,分别于第四日、第五日舌下含服 2 片,第六日戒断症状有所好转,于第六日、第七日舌下含服半片。腰背酸痛有所好转,无明显骨、关节疼痛。④安排患者入住医院观察室,及时准确评估各项症状及体征,严密监测生命体征;提供安静舒适的环境,有利于休息与睡眠,及病情观察。嘱卧床休息,减少活动。⑤患者失眠严重,入睡困难,遵医嘱予安神补脑液 1 支 BID 口服,右佐匹克隆片 PRN。患者由每晚睡眠 2 小时改善为第一周末期 5 小时睡眠。⑥患者食欲不振,体重减轻,提供建议改善其饮食,增强其食欲,保证营养。患者食欲第四天开始改善。⑦患者腹泻 5～6 次/天。因吗啡类药物对胃肠道的长期致便秘作用,系患者出现的腹泻戒断症状,无需处理,继续关注其胃肠道的症状。患者第 3 天开始无腹泻情况。⑧关注患者心理、情绪状况。患者情绪有低落,焦虑感,专业民警及时多次与其谈心,缓解其抑郁情绪。

第二周康复治疗:①患者生命体征正常,精神状况好转,哈欠、流泪、鸡皮疙瘩等戒断症状基本消失,也未服用丁丙诺啡。偶有轻微腰背酸痛。②患者失眠好转,安神补脑液停用,每晚入睡 5～6 小时。继续关注其睡眠情况,提供安静舒适的环境有利于其睡眠及休息。③患者饮食恢复正常,无腹泻、便秘等消化道症状。④继续关注患者的心理状况。患者情绪较平稳。⑤转移注意力,丰富业余活动,如阅读、绘画、打台球、打乒乓球,培养兴趣爱好,改善其体能状况。

五、戒毒治疗护理评价与下步工作建议

戒毒治疗护理工作评价:①患者目前戒毒康复半月,经过调适干预,目前精神状态可,情绪平稳,无明显不良情绪,无明显药物渴求感。②患者身体症状基本消失。虚汗、哈欠、流泪、鸡皮疙瘩、冷热交替出现等全身不适感基本消失,无明显戒断症状。腹泻好转,无便秘,食欲改善,无消化道不适症状。无骨、关节疼痛,偶有轻微腰背疼痛。睡眠明显改善,由原来的每晚入睡 2 小时到现在的每晚入睡 5 小时。③患者情绪低落感缓解,无明显焦虑感,情绪已较平稳。

根据患者以上情况,医生建议:报戒毒管理办公室审批,转入下一戒毒康复阶段。进行健康生活习惯培养、体能恢复训练、心理康复工作。

六、工作中的常见症状及对策

(一)消化道症状及工作对策

阿片类药物的一个突出的药理作用是兴奋胃肠道平滑肌,使胃肠道蠕动减慢,排空时间延长,饥饿感下降,饮食减少,导致营养缺乏和严重的便秘,甚至低血钾症、电解质紊乱、肝功能异常、转氨酶升高、病毒性肝炎等疾病。常见的消化道症状有食欲下降、厌食、恶心、呕吐、腹胀、腹痛和腹泻等。

苯丙胺类兴奋剂如冰毒有抑制丘脑摄食中枢的作用,导致食欲下降。故苯丙胺类兴奋剂的成瘾患者常有饥饿感的戒断症状。

对于戒毒过程中出现的消化道症状,不仅需要向戒毒人员简述出现症状的原因、安慰使其保持情绪稳定,而且需要评估呕吐的次数,性状和量,遵医嘱采取相应的止吐措施。在饮食上要清淡饮食,减少刺激性的食物。对于便秘者要采取缓解或灌肠等通便措施,解除患者排便的痛苦。

(二)失眠症状及工作对策

阿片类药物主要作用于中枢神经系统,与阿片受体结合产生镇痛和不同程度的镇静作用,用药后多处于安静、易入睡状态。

苯丙胺类兴奋剂影响中脑边缘区地欣快中枢,产生欣快体验,使人感觉兴奋,活动增加,睡眠减少。所以冰毒成瘾戒毒患者一般是嗜睡的戒断症状,而阿片类药物成瘾的戒毒患者常有睡眠障碍,部分患者的睡眠障碍非常严重。

对此应采取以下措施以保障其睡眠:

(1)根据病情,遵医嘱服用相应的辅助睡眠药物。定时服用助睡眠药物,最好在睡前半小时,勿服用过早。睡眠时间每天规律定时。

(2)提供安静舒适的环境,避免不良刺激。尽量提供安静房间,保证无噪音,光线适宜,空气流通。在入睡前应避免过度兴奋,避免参加兴奋紧张的游戏。值班民警查夜时走路、开门动作要轻缓。

（3）培养规律的生活。帮助戒毒人员养成有规律的生活习惯，鼓励其参加各种娱乐活动。白天可以尽量不午睡，多参加培养注意力集中的娱乐活动。适当的体能训练也是促进晚上睡眠的一种方法。

（4）解除焦虑情绪。应用解释、疏导或分散注意力等方法，解除或缓解患者的焦虑情绪。排除杂念，静心戒毒。

（三）抑郁症状及工作对策

许多戒毒人员在戒毒过程中伴有悲观、低沉、忧郁、孤独等抑郁表现，对此戒毒工作民警可采取以下措施：

多给予支持与鼓励，向戒毒人员介绍正确的戒毒过程，预防复发的手段和技巧，增强戒毒的信心。

鼓励戒毒人员倾诉及发泄自己的情绪，耐心倾听，给予细心安慰，使戒毒人员的不良情绪得到释放，同时将影响情绪的原因及时反馈到心理科室，以便进行专业治疗。

预防戒毒人员自伤自残的过激行为。自杀行为是抑郁患者最危险最常见的并发症，要仔细观察患者的情绪变化和自杀先兆症状，如焦虑不安、失眠、沉默少语或心情豁然开朗、在出事地点徘徊、忧郁、烦躁、拒餐、卧床不起等表现。在与患者的接触中，应能识别这些动向，给予心理上的支持，使他们振作起来，避免意外发生。对有自伤自残意念的患者，做到心中有数，重点观察巡视。尤其在深夜、凌晨、午睡、饭前和节假日等情况下，更加应该提高警惕。

做好药品及危险物品的保管工作。加强对宿舍的安全检查，杜绝危险物品的藏匿，加强药品特别是镇静催眠药和精神类药品的管理，用药要做到由民警严格管控及登记。

（四）易激惹症状及对策

因毒品对中枢神经的侵犯，戒毒人员常常情绪与吸毒前有很明显的改变，表现为易激惹。情绪是非常不稳定的，因此要特别注意，要做好管教工作，防止发生吸毒人员攻击伤害他人或自伤自残事件。

（1）注意文明用语，减少对戒毒人员语言上的刺激。了解戒毒人员的心理情绪状况，与之沟通时要注意交谈技巧，防止激化情绪。

（2）民警不定时与戒毒人员进行沟通，如发现其情绪不佳时应安排适当的发泄途径，如情绪宣泄室进行发泄，另外可以经常用音乐放松的心理疗法改善其不良情绪。

（3）培养其兴趣爱好，转移其注意力。通过各种体能运动或者书法绘画等活动丰富其业余活动，转移其注意力。

第三节　健康生活习惯培养模块的设计与实施

吸毒人员缺乏健康的生活习惯，多数吸毒人员作息没规律，白天与夜晚颠倒；用餐没规律，爱吃吃一餐，不想吃就不吃，并且不定时；有些不洗脸，不刷牙，洗衣洗澡不勤，洗漱不正常；行为习惯差，文明礼貌欠缺，与强制隔离戒毒场所的行为规范、文明礼貌规范的要求有较大的差距，不符合社会对一个正常人生活习惯的评判。培养戒毒人员健康的生活习惯，是强制隔离戒毒工作的一个必要的方面。

一、工作目的

健康生活习惯培养以纠正戒毒人员不良的作息习惯、就餐习惯、卫生习惯、举止行为与礼仪习惯、精神面貌为目的,培养戒毒人员规范、有序、健康、文明的生活方式,使戒毒人员的生活、行为、语言习惯符合强制隔离戒毒场所规范和社会正常的评价要求。

二、工作内容

模块工作以促使戒毒人员养成下列健康生活习惯为内容:

(1)按时起床;

(2)按时就寝;

(3)按时就餐;

(4)按时洗漱;

(5)规范内务;

(6)洗衣洗澡;

(7)乐观自信;

(8)文明有序;

(9)仪表礼仪;

(10)强制隔离戒毒场所规范化的行为。

三、工作流程

健康生活习惯培养分培训训练期、督促指导期、保持养成期三个阶段。

培训训练期为期一周,以戒毒人员队列训练、行为礼仪规范、日常生活规范、内务卫生规范为培训科目。

督促指导期为期一月,以督促落实健康生活习惯规范为目的,纠正戒毒人员不良生活习惯,逐步养成健康的生活习惯,并培养积极向上的兴趣爱好。

保持养成期为督促指导期后至戒毒康复期满,主要是进一步规范戒毒人员的言行举止、文明礼仪。

以上三期的生活习惯培养主要由每一名戒毒人员的生活指导民警具体实施,由大中队负责督促、指导、评价工作。

四、工作评价

(1)每半个月由戒毒康复人员自己填写《戒毒康复人员半月规划》,自己制定半月内的队列训练、生活习惯、行为养成、礼貌礼节等方面内容,由生活指导民警负责监督及下步指导。

(2)每周由民警对《戒毒人员生活技能周考核记录表》进行如实、有效记载。

(3)记载分优、良、一般、差四个等级,分别对 13 个子项目及一周学习、外出活动内容进行记载及评价。

(4)戒毒人员在日考核中有 2 个或 2 个以上子项目为"差"的,当日日评应为"差";有 1 个子项目为"差"的,当日日评应为"一般";子项目中无"差",且有 10 个子项目为"优"的,当日日评应为"优";不到 10 个子项目为"优"的应评为"良"。

(5)在一个月的考核周期内,戒毒人员在日评中有 5 个"差"的,应由大中队作出进一步加强教育训练意见,对戒毒效果作出相应的评定意见。

五、工作常用工具

戒毒人员生活技能周考核记录表

考核日期：＿＿月＿日至＿月＿日

姓名		入住日期			健康状况	
戒毒期限		月　自　年　月　日至　　年　月　日				

	周　一　二　三　四　五　六　日	
生活卫生情况	1.按时起床情况：（　）（　）（　）（　）（　）（　）（　）	周评：
	2.晨练情况：　（　）（　）（　）（　）（　）（　）（　）	周评：
	3.按时就餐情况：（　）（　）（　）（　）（　）（　）（　）	周评：
	4.个人卫生情况：（　）（　）（　）（　）（　）（　）（　）	周评：
	5.宿舍卫生情况：（　）（　）（　）（　）（　）（　）（　）	周评：
	6.保持环境卫生：（　）（　）（　）（　）（　）（　）（　）	周评：
	7.按时就寝情况：（　）（　）（　）（　）（　）（　）（　）	周评：
劳动康复	1.出勤情况：　（　）（　）（　）（　）（　）（　）（　）	周评：
	2.劳动技能学习：（　）（　）（　）（　）（　）（　）（　）	周评：
行为养成体能锻炼	1.遵规守纪情况：（　）（　）（　）（　）（　）（　）（　）	周评：
	2.礼貌礼节情况：（　）（　）（　）（　）（　）（　）（　）	周评：
	3.个人行为习惯：（　）（　）（　）（　）（　）（　）（　）	周评：
	4.参加体能训练：（　）（　）（　）（　）（　）（　）（　）	周评：
认知状况	1.上课出勤情况：＿＿＿＿＿＿＿＿＿＿＿＿＿＿＿＿	周评：
	2.学习内容：＿＿＿＿＿＿＿＿＿＿＿＿＿＿＿＿＿	周评：
	3.课堂纪律：＿＿＿＿＿＿＿＿＿＿＿＿＿＿＿＿＿	周评：
	4.参加集体活动情况：＿＿＿＿＿＿＿＿＿＿＿＿	周评：
日评	周　一　二　三　四　五　六　日 　　（　）（　）（　）（　）（　）（　）（　）	
指导老师周评定		签名： 日期：

第四节 体能康复模块的设计与实施

一、工作目的

增强戒毒人员的身体素质,帮助戒毒人员改善、恢复或完全恢复体能,改善、恢复或完全恢复组织器官机能,改善或消除戒毒症状,促进戒毒人员身体康复。

二、工作内容

身体康复训练模块包括力量训练、耐力训练和柔韧性训练三种。力量训练主要是指100米、引体向上、俯卧撑、立定跳远等项目。耐力训练主要是指1000米等项目。柔韧性训练主要是指仰卧起坐、跳绳等项目。在戒毒人员结束临床观察阶段后予以开展。

三、工作流程

(1)对戒毒人员进行身体康复训练方面的教育,促使其认识到开展身体康复训练对戒毒的意义,以及在身体康复训练中应当注意的事项。

(2)考虑到戒毒人员身体状况的特殊性和体能康复工作的安全适宜,应将体能康复的有关注意事项进行告知。戒毒人员在开展身体康复训练前应先仔细阅读《身体康复训练告知书》,告知不提倡不当训练、超强度训练,如不听劝告发生的意外由戒毒人员自负责任,要求戒毒人员在告知书上签字。

(3)具体开展的身体康复项目要根据戒毒人员自身的条件予以设置,并考虑医务人员的意见,坚持保障安全、分开层次、强度恰当、循序渐进、逐步提高的工作方法。

(4)每周由大中队主管民警组织开展身体康复训练,戒毒人员应当听从身体康复辅导员的组织与安排。

(5)鼓励戒毒人员利用空闲时间自觉进行身体康复锻炼或进行体育活动。

(6)每个月月初根据实际情况制定戒毒人员身体康复训练计划,每个月月末对戒毒人员身体康复训练的科目对照考核标准进行考核,考核后及时登记成绩,做好档案保存。

四、工作评价

戒毒人员身体康复训练的考核和评价由大中队民警参考身体康复训练的成绩和态度综合评价,要求制定考核依据《戒毒人员体能训练与考核标准》进行,每个月考核和评价完成后,及时进行记载和归档。

五、工作常用工具

1.戒毒人员体能测试记录表

戒毒人员体能测试记录表

戒毒人员姓名：_____

阶段 自选项目	___月_日	___月_日	月___月_日	___月_日	___月_日
①100米（秒）					
②1000米（分秒）					
③俯卧撑（个）					
④引体向上（个）					
⑤1分钟跳绳（个）					
⑥立定跳远（米）					
⑦仰卧起坐（个）					
康复人员签名					
测试人签名					

2.戒毒人员体能训练考核标准

戒毒人员体能训练考核标准

项目 类别	100米	1000米	1分钟跳绳	引体向上	俯卧撑	仰卧起坐	立定跳远	考核等次
25周岁以下（含）	16″1	4′05″	137	9	25	38	2.50米	优秀
	18″2	4′40″	115	6	19	30	2.10米	合格
26~35周岁（含）	16″4	4′15″	130	7	24	35	2.40米	优秀
	18″5	4′50″	105	4	18	25	2.00米	合格
35~55周岁（含）	16″8	4′25″	110	5	23	32	2.30米	优秀
	18″6	5′00″	90	3	17	20	1.90米	合格
备注	考核标准分为优秀、合格、不合格三个档次。							

3.戒毒人员身体康复训练告知书

身体康复训练告知书

戒毒人员 _____：

首先祝贺你渡过临床观察期，进入身体康复训练阶段。

在身体康复训练阶段中，我们将会组织开展包括力量训练、耐力训练、柔韧性训练等内容在内的身体康复训练。为了保证训练的效果，力量训练、耐力训练和柔韧性训练都是具有一定强度和要求的，身体康复辅导员会根据你的实际情况和医生的建议，在保障安全、分开层次、强度恰当、循序渐进、逐步提高的原则下，决定相关的身体康复项目，如果你对身体康复项目有意见或有不能参加此项目的理由，请及时和身体康复辅导员沟通并调整相关项目，在身体康复训练开展前，身体康复辅导员会对各个项目进行教学和注意事项的讲解，请仔细认真地学习，如果没有按照正确的方法进行身体康复训练，或自己个人超强度的进行康复训练，由此产生的一切意外，其责任由戒毒人员本人承担，特此告知。

希望你能在保证安全的前提下循序渐进地进行身体康复训练。

最后，希望你能在身体康复训练中找回属于自己的快乐。

我已阅读并同意以上告知内容(本人书写)

签名：_____

日期：_____

第五节　个体心理咨询工作模块的设计与实施

个体心理咨询是指咨询师协助来访者解决心理问题的过程。具体来讲，就是指来访者(指戒毒人员，下同)就自身存在的心理问题通过言语文字等方式，向经过心理学专门训练的咨询师诉说；咨询师则运用心理学的知识、理论、方法和技术，在和谐的环境下，通过回答问题、解疑释惑、提供建议、商量讨论等，协助来访者找出自身心理问题产生的原因，分析问题症结所在，帮助来访者寻求摆脱困境的对策，从而提高环境适应能力，缓解心理冲突，恢复心理平衡，增进身心健康的一种方法。

一、工作目的

帮助来访者摆脱消极情绪、分析问题症结所在，寻找摆脱困境的对策；提高来访者适应能力，达到个性的全面发展。

二、工作内容

(1)日常生活中各种心理问题的调适；

(2)日常生活中各种心理危机的调适和处理；

(3)日常生活中各种心理障碍的缓解和消除。

三、工作流程

(一)建立良好的咨询关系

(1)做好心理咨询前的准备工作；

(2)使用礼貌的接待方式和礼貌的语言；

(3)间接询问求助者希望得到哪方面的帮助；

(4)询问结束后，明确表明能否向求助者提供帮助的态度；

(5)向求助者说明保密原则；

(6)向求助者说明心理咨询的性质；

(7)向求助者说明其权利与义务；

(8)与求助者进行协商，确定使用哪种咨询方式。

(二)信息共享，确定问题

1.摄入性会谈

(1)确定会谈的目标、内容和范围；

(2)确定提问方式；

(3)倾听；

(4)控制会谈内容与方向；

(5)对会谈内容归类；

(6)结束会谈。

2.正确使用心理测验

(1)向求助者说明选用量表对确诊的意义并征得求助者同意；

(2)根据求助者心理问题的性质，选择恰当的心理测验项目；

(3)测量结果结合临床观察、会谈的结论进行综合分析。

3.一般临床资料的整理与评估

(1)整理归纳一般资料；

(2)整理个人成长史资料；

(3)整理求助者目前精神、身体和社会工作与交往状态；

(4)判断资料来源的可靠性，并予以说明；

(5)按资料的性质进行分类整理。

(三)诊断检查，明确咨询目标

(1)确定造成求助者心理与行为问题的关键点：

①分类填写收集到的全部临床资料；

②按先后顺利，列出临床表现，再列出收集到的各类与临床有关的资料，进行对比和分析；

③找到引起心理问题的关键点。

(2)对求助者形成初步印象、对一般心理健康水平进行分析；

(3)确定求助者的问题是否属于健康心理咨询的工作范围；

(4)确定工作范围或转介；

(5)对确定工作范围的求助者进行心理问题严重程度诊断；

(6)提出心理评估报告。

(四)选定解决问题的方案

(1)商定咨询目标；

(2)商定咨询方案；

（3）划分咨询阶段；

（4）制定咨询方案。

（五）指导选定方案的落实

按照选定的解决方案，指导落实方案的完成。

（六）追踪反馈，巩固和发展咨询成效

个体心理咨询工作实施后，要及时追踪反馈咨询效果，以便调整不守咨询方案和进一步深入开展工作。

四、工作实施与评价

（一）阶段小结与效果巩固

（1）小结每次咨询效果；

（2）商讨下一步咨询的任务；

（3）布置家庭作业；

（4）正视与处理咨询中的反复现象；

（5）处理咨询失误。

（二）咨询效果的评价

（1）处理求助者对咨询效果的自我评估（自评）；

（2）求助者社会功能恢复的情况；

（3）求助者周围人士特别是家人、朋友和同事对求助者的评定（他评）；

（4）求助者咨询前后心理测量结果的比较；

（5）咨询师的观察与评定；

（6）求助者某些症状的改善程度。

五、工作的常用工具

（一）症状自评量表（SCL-90）

症状自评量表，又名90项症状清单（SCL-90）。该量表共有90个项目，包含有较广泛的精神病症状学内容，从感觉、情感、思维、意识、行为直至生活习惯、人际关系、饮食睡眠等，均有涉及，并采用10个因子分别反映10个方面的心理症状情况。

本测验适用对象包括初中生至成人（14岁以上），目的是从感觉、情感、思维、意识、行为以及生活习惯、人际关系、饮食睡眠等多种角度，评定一个人是否有某种心理症状及其严重程度。它对有心理症状（即有可能处于心理障碍或心理障碍边缘）的人有良好的区分能力。适用于测查某人群中哪些人可能有心理障碍，某人可能有何种心理障碍及其严重程度如何。不适合于躁狂症和精神分裂症。本测验不仅可以自我测查，也可以对他人（如其行为异常，有患精神或心理疾病的可能）进行核查，假如发现得分较高，则应进一步筛查。

本测验共90个自我评定项目。测验的九个因子分别为：躯体化、强迫症状、人际关系敏感、抑郁、焦虑、敌对、恐怖、偏执及精神病性。按全国常模结果，总分超过160分，或阳性项目数超过43项，或任一因子分超过2分，需考虑筛选阳性，需进一步检查。

（二）明尼苏达多项人格测验（MMPI）

明尼苏达多项人格测验，简称MMPI，于20世纪40年代制定，是迄今应用极广、颇富权威的一种纸-笔式人格测验。该问卷的制定方法是分别对正常人和精神病人进行预测，以确定在哪些条目上不同人有显著不同的反应模式,因此该测验最常用于鉴别精神疾病。该测验适用于年满 16 岁,具有小学以上文化水平,没有影响测试结果的生理缺陷的人群。尽管它原来是根据精神病学临床实践而编制的,但是它并不仅仅应用于精神科临床和研究工作,也广泛用于其他医学各科以及人类行为的研究、司法审判、犯罪调查、教育和职业选择等领域。因此在心理咨询中心、心身医学门诊、精神病院、人才市场、职业介绍所、大中学校等部门都有广泛的运用,对人才心理素质、个人心理健康水平、心理障碍程度的评价都能有较高的使用价值。MMPI 还是心理咨询工作者和精神医学工作者必备的心理测验之一。

(三)焦虑自评量表(SAS)

焦虑自评量表(SAS)由华裔教授 Zung 编制(1971)。

从量表构造的形式到具体评定的方法,都与抑郁自评量表(SDS)十分相似,是一种分析病人主观症状的相当简便的临床工具。适用于具有焦虑症状的成年人,具有广泛的应用性。国外研究认为,SAS 能够较好地反映有焦虑倾向的精神病求助者的主观感受。而焦虑是心理咨询门诊中较常见的一种情绪障碍,所以近年来 SAS 是咨询门诊中了解焦虑症状的自评工具。

(四)抑郁自评量表(SDS)

抑郁自评量表(SDS),是含有 20 个项目,分为 4 级评分的自评量表,原型是 Zung 抑郁量表(1965)。其特点是使用简便,并能相当直观地反映抑郁患者的主观感受。主要适用于具有抑郁症状的成年人,包括门诊及住院患者。只是对严重迟缓症状的抑郁,评定有困难。同时,SDS 对于文化程度较低或智力水平稍差的人使用效果不佳。

六、案例

【案例 1】

春雨润心萌新芽　浪子回头金不换
——戒毒人员蔡红亮(化名)的转变历程

昨天,他是江湖的浪子,性格乖戾,屡屡打架,对抗管教;今天,他洗心革面,主动配合,立志彻底戒除毒瘾;明天,他充满信心,希望早日回归社会重获新生。强制隔离戒毒人员蔡红亮在民警的教育挽救下,历经坎坷,终于走上了一条洒满阳光的戒治道路。民警的主要做法是:

一、立足全面排摸,掌握基本情况

蔡红亮入所后,民警首先通过查阅档案资料,对其进行个别谈话教育,全面掌握蔡红亮的基本情况:蔡红亮,男,汉族,1972 年 6 月出生,小学文化程度,未婚,乐清虹桥人。该员曾因故意伤害罪被判刑 10 年,1996 年起在×监狱服刑,服刑期间因改造表现良好,减刑 2 年,于 2004 年 7 月提前释放,出狱后在乐清打工。2006 年,因吸食海洛因被乐清市公安局强制隔离戒毒 2 年。2010 年 9 月,又因吸食冰毒被乐清市公安局强制隔离戒毒 2 年,15 日送×所接受强制隔离戒毒。

二、坚持严格管理,转变对抗立场

蔡红亮自从被决定强制隔离戒毒以来,一直对强制隔离戒毒决定不服,不认为自己是戒

毒人员,对立情绪强烈,屡屡违规违纪。2010 年 12 月 9 日,该员因与另一学员李某争下铺位置发生打架。打架过程中,该员将对方鼻梁骨打断,送龙游县人民医院就诊,由我所垫付医药费 6000 余元。根据其严重违纪行为,中队将该员送集训封闭管理。解脱归队后,该员对上次违纪行为毫无认识,声称"下次看到对方,要往死里打"、"自己反正是四大三的人了,也不想提早回去了",平时行为养成较差,队列里始终借口腿疼走在最后面;习艺劳动时喜欢讲话、吃零食,劳动产量完不成。2011 年 4 月 16 日,中队民警就该员劳动态度进行谈话教育时,该员态度恶劣,对民警说:"我就不劳动了,你能把我怎么样!"针对该员的违纪行为,中队又将该员送集训封闭管理。2011 年 7 月该员归队前,中队专门组织了声势浩大的帮教会,打击其反矫治气焰;归队后,直接将该员安排在强化组内进行为期两个月的强化管理,在严密包夹监控,确保安全稳定的基础上,通过狠抓队列训练,严格定置管理,规范行为养成,努力矫正该员的对抗行为。特别是,针对该员遵规守纪意识淡薄的问题,我们狠抓所规队纪学习,逐日记载该员的矫治表现,每周一小结,每月考核一次,评出等次,定期记录思想变化及现实表现,要求该员对自己对抗管教的违规违纪行为写出深刻的认错悔过书,强化了该员的戒治意识,转变了对抗立场。

三、深化科学教育,化解思想症结

一是做细个别谈话教育。民警通过深入细致的个别谈话教育,切实掌握该员的思想动态,了解到该员身份意识淡薄的真实原因。该员认为自己刚出狱没多久就因吸毒被强制隔离戒毒 2 年,家里还有患有老年痴呆症的 78 岁老母,体弱多病,需要他赡养;一个亲弟弟在 1996 年那次伤害案件中被判处死刑,导致自己心中有愧,家人也一直不能原谅自己。被强制隔离戒毒后,自己没接见、没汇款,生活窘困,不少戒毒人员讥笑他,内心极度自卑的他希望通过种种对抗行为表现自己的强势。同时,由于他早年就离开家乡,户口几经辗转已经难以查找,了解到和他同样的情况,公安不批提前解除,只能两年坐满,所以心里越发愤恨社会不公,开始自暴自弃。二是努力解决实际困难。了解了该员的真实想法后,民警首先安排该员拨打了亲情电话,对家里的各项事务进行了妥善安排,消除了后顾之忧。同时,针对该员户口无法得到落实的问题,民警在咨询掌握了有关政策和操作程序的基础上,对其进行了详细的解释和说明;积极向上级反映情况,与当地公安进行沟通,排除了影响该员提前解除的户口障碍问题。之后,我们针对该员屁股生有严重痔疮的状况,在队列训练、习艺生产方面给予了适当照顾;针对该员家境贫寒的现实,给予了一定的贫困补助,帮助解决了生活必需品,稳定了该员的情绪,使该员开始接受强制隔离戒毒的现实。三是开展心理危机干预。通过对该员进行 SCL-90 心理健康量表测试,测试结果其敌对和偏执两个单项因子的分值均超过 2 分,有异常心理症状。针对这一状况,民警根据测试中反映出他思想偏激、好走极端的心理特点,通过邀请专职心理医生和民警一同对其开展针对性心理咨询、心理卫生和心理健康教育,提高了该员的心理健康意识,掌握了简单的心理调节方法,缓解了心理压力。

四、确立戒除目标,树立戒治信心

在蔡红亮开始接受强制隔离戒毒的现实后,我们对其采取了一系列的戒治措施,通过《心理调节操》、《戒毒宣誓》、模拟毒品诱惑场景、行为矫正、心理暗示机制等手段,加强法律、形势、政策、道德、前途等内容教育,有效树立了该员彻底戒除毒瘾的信心和决心。该员在《心桥》中写道:"刚入所时,我一心想的就是自己是个没人疼、没人爱的浪子,无所谓遵规守纪、服从管教,因此以自我为中心,给自己的新生之路制造了种种障碍。一年多来,通过十里坪强制隔离戒毒所民警对我耐心细致的教育挽救,扭转了我的错误认识,使我真正认识到了毒品的危害。今后,我一定要配合民警,积极参与各项戒治活动,努力戒除毒瘾,早日通过诊断评估,回归社会,真正担负起家庭的重担、男人的责任。"

五、巩固转化成果,激发矫治动力

2011年9月,李某面临解除,提出要蔡红亮补偿1000元人民币。听到这个消息后,蔡红亮情绪激动,声称"自己已经因为此事被集训封闭管理过,钱是死活也不赔了,让他告去!"中队民警几次找其谈话,均态度强硬。针对这种情况,中队讨论认为,这是一次检验蔡红亮转化成果的好时机,应该采取有力措施,使其从内心深处认识到行为的错误性,巩固转化成果。中队对蔡红亮家庭情况进一步深挖,了解到该员与其姨妈关系很好,姨妈经济条件也较好。于是中队电话联系蔡红亮姨妈,邀请其来所,并组织双方进行调解,最终双方达成调解协议,李某放弃对蔡红亮进行责任追究,蔡红亮一次性支付对方600元。这一事件的妥善解决,使该员进一步认同强制隔离戒毒所是个讲道理、能助人的好地方。与姨妈的见面,蔡红亮更觉得有愧家人,希望能早日出去,改变家中困顿的局面。当天晚上,该员就找到中队民警,希望中队能给他机会,让他能多拿分数。中队讨论,认为该员现在开始逐步从"要我矫治"转变为"我要矫治",内心产生了充沛的矫治动力,故决定安排他担任宿舍小组长职务,希望他能在积极矫治的道路上越走越好,越走越稳。

戒毒人员蔡红亮的转化故事,又一次用生动的实例证明了"只要工夫深,铁杵磨成针"的亘古规律。民警要带着"四心"去做工作:

一是要有平等的心。尊重对方、不歧视对方是进行沟通交流的基础。戒毒人员与我们一样,都希望活得有尊严,其言行能够被他人所认可、所称道。从过往教育转化经验看,民警在管理中看低戒毒人员一等,以势压人,随意辱骂,无视其合理要求,往往会在两者间造成沟通障碍,对立矛盾,长期下去形成偏见,不利于教育转化工作的开展。因此,要切实从思想深处消除"特权思想",树立平等意识,积极开展有效沟通,赢得对方尊重,成为他的可信之人。

二是要有坚持的心。只要有百分之一的希望,就应该尽百分之百的努力。做教育转化工作,没有一帆风顺、一蹴而就的,中途会遇到各种各样难以想象的困难,消极对待甚至放弃就可能前功尽弃。与难矫治人员、特别是多次矫治人员"打交道",就像一场拔河赛,关键比的是谁更有韧性,谁能坚持到最后。当你始终相信人是可以矫治、转变的,为之投入了百分百的时间、精力,尝试各种方法,并最终取得了效果,内心的成就感是如泉喷涌的。这,就是坚持的意义。

三是要有悲悯的心。失去自由的人最可悲。从蔡红亮的人生经历看,充满了挫折和不幸,造就了他自卑又敏感的心,被对社会不公的误解和怨恨蒙蔽了双眼;同时,他又迫切希望有人能够读懂自己的内心,帮助他解决和解答各种困难、困惑,解救出吸毒、戒毒、吸毒的轮回苦海,走向身心自由的彼岸。人之所以称为人,贵在有一颗悲悯之心,不漠视苦难,不放弃拯救,身具使命,勇敢而又肯定地伸出双手,去拉戒毒人员一把。拉与不拉,虽然结果可能一样,但是你对他的关心、关爱,也许能成为他坚持戒毒的动力来源。

四是要有细微的心。做教育转化工作,崇尚一句话:于细微处见真功夫。人的思想是不断变化的,戒毒人员思想动态掌握不深、不细、不全面,是做教育转化工作的大忌。本案例中,对蔡红亮背景资料的了解就有一个逐步深入、循序渐进的过程,并且把握好了落实户口、伤害赔偿等关键点,为最后的成功转化提供了有力支持。要全面深刻掌握戒毒人员思想每次变化的节点、原因,并提前预判趋势、拟定对策,需要管理民警沉下心来,从戒毒人员平时的言行细节着手,全程跟踪,随时关注,方能取得见微知著的效果。

【案例2】

焦虑情绪教育矫治案例

一、一般资料

人口学资料:求助者蒋战平(化名),男性,16岁,浙江龙泉人,汉族,未成年劳动教养人员,未婚。

个人成长史资料:出生于浙江龙泉的一个小镇,足月顺产,从小到大生长发育正常,按时入学。家中独子,较得父母宠爱。父亲在西班牙经商,母亲在家,主要任务是教育培养他,家庭经济较好,由于父母长期分离,夫妻感情较为淡薄,唯一的焦点就在他身上。从小在学习方面母亲管教严厉,小学阶段成绩良好,上了初中就开始厌学,尤其是青春期的到来,喜欢逃课外出,所以成绩一直不理想。后来辍学在家,跟着社会上的哥们一起混,加入了龙泉当地的一个帮派,经常寻衅滋事,母亲已经管不住他,父亲因为怕他误入歧途,放弃在西班牙的生意回国。开始,在父亲的管教下,自己一直在家跟着父亲学做生意,因为太辛苦,又外出混社会,父亲多次把他揪回家,都逃出来。父亲认为实在无法教育这个孩子了,联同在检察院工作的姑姑一起,亲自将他送进派出所。后来公安机关根据他过去的所作所为,决定将其劳动教养一年六个月。入所一个月来,始终想不明白,为什么自己的父亲会这么狠心将他送来劳动教养,是不是父亲不爱他了?或者自己根本就不是父亲亲生的?在劳教所里表现一般,生活上能够自理,劳动时经常走神,白天情绪烦躁不安,晚上睡眠不好,老是要想这个问题,与同教关系一般。过去从未患过重大的身体疾病和精神疾病,未接受过心理咨询和心理治疗。

目前精神状态:感知觉、记忆及思维未见异常,注意力不集中。情绪烦躁焦虑,人格相对稳定。

身体状态:经常失眠。躯体医学检查正常。

社会工作和社会交往状况:能够适应劳教所的生活,虽辛苦,但懂得这是个特殊场所,没有办法。能够参加正常的劳动,但效率不高。社会交往情况正常,能与同教和睦相处。

心理测验:SAS标准分61分。

二、主述和个人陈述

主诉:情绪焦虑近一个月。

个人陈述:他来自龙泉一个较富裕的家庭,是家中的独生子,因为父亲在西班牙经商,从小和母亲生活在一起,父亲一年才回家几次,偶尔还会为教育他的事情,与母亲吵架。虽然家人对他比较宠爱,但是在学习上,要求非常严格,特别是他的母亲,从小就用现实的例子教育他,要他今后一定出人头地,小学阶段成绩优秀,升入初中后,学习难度加大,青春期的叛逆等原因,开始产生厌学情绪,经常逃课外出,与社会青年一起混,辍学回家后加入社会帮派,与哥们一起打拼天下。

自认为性格不属于外向型,没有暴力倾向。小时候很喜欢小动物,经常养一些小狗小猫,所以也不知道为什么会喜欢打架。第一次打架时,自己也很害怕,但是满足了自己的心理需要——发泄情绪和赢得了兄弟们的尊敬。母亲为此在他面前哭过,劝他不要再和那些兄弟一起了。不久父亲就回国,把他揪回家。回家后,在父母亲的教育下,也认识到自己这样下去不好,迟早要进监狱,所以,同意和父亲一起做生意。那段日子很清苦,完全没有想象中的风光,与以往的生活相比,也缺乏新鲜和刺激。一次,看到一个以前的兄弟被别人打了,心里不是滋味,于是冲上去帮忙,后来在一帮兄弟的坚决要求下,又一次加入了他们当中。以后又和兄弟们一起去打过几次架,场面也很暴力。一段时间后,父亲再三催促其回家,没想到的是,一回家被父亲和姑姑送到了当地的派出所,而后就被劳动教养一年六个月。

入所后,能够完成入所教育的各项内容,与同教相处一般,但情绪一直不是很好,注意力无法集中,经常在学习或劳动的时候想起父亲,想起父亲在他小的时候就离开他和妈妈,出国经商去了,一年回家几次,也没和他亲近过,如果他犯了错,母亲护着自己,父亲就会更生气,总是和母亲争吵,这次更出火了,索性将他送来劳动教养了,是不是父亲不喜欢他啊,为什么呢?难道自己不是父亲亲生的?以后父亲还会不会爱他,如果不要他了,那该怎么办啊?还有以前那些兄弟现在怎么样了,也没有一个人来看他。一想到这里,就头疼、烦躁、沮丧,晚上经常会失眠,心情越来越糟糕。面对这种状况,感觉自己无法摆脱困境,前来咨询。

三、观察和他人反映

咨询师观察结果:第一次咨询时求助者在民警的陪同下前来,表情有些不安,入坐后不停转移目光,经常用手抓头发。在叙述过程中,条理清楚,回答问题抓住要领,话语不断增多,语调适中,并带有情绪反应。在叙述过程中肢体动作逐渐减少,紧张情绪有所平息。求助欲望较为强烈。

四、评估与诊断

求助者提出目前的主要问题是:注意力无法集中、焦虑烦躁、常常失眠。

资料的可靠性:可靠。求助者自知力完整,求治欲强,态度恳切。

求助者问题的性质:按照心理正常与心理异常区分的三原则,求助者的问题不属于精神疾病。理由是:求助者主客观统一,表现在问题的出现有一定的诱因,自己对症状有良好的自知力,并因内心冲突感到痛苦,主动寻求咨询师的帮助。其紧张焦虑的情绪表现和认知、意志三个方面的表现都是协调一致的。其人格特征相对稳定。另外,该求助者的问题也不属于神经症。理由是求助者问题的持续时间短,只有1个月,社会功能未造成明显影响,其生理功能也正常。因此该求助者的心理问题属于心理正常范畴。

原因分析:求助者心理问题的产生,主要有如下几方面原因:(1)社会性因素:①生活事件:父亲因为他不听话而联同姑姑一起把他送进派出所,直接导致他被劳动教养,虎毒尚且不食子,而他的父亲却亲手毁了他的前程,也正因为如此,如果父亲真的不要他了,他不知道该怎么办。②社会支持:辍学在家以来,除了那些兄弟,所有的人都觉得他这样是不对的,而现在的困境中,除了他家人外,没有一个兄弟来看过他。③生活环境:原先家庭条件较好,轻松自由,现在在劳教场所,环境比较压抑,没有自由可言。(2)心理性因素:①个性因素:常年的帮派生活,性格易冲动、焦虑、烦躁不安,往往容易看到事情消极的一面。②认知因素:面对心理应激因素,求助者产生了"我不是父亲亲生的"错误认知。(3)生物学因素:一位16岁未成年劳教人员。

初步诊断：一般心理问题。

诊断依据：(1)求助者出现的焦虑情绪是由现实因素激发的，父亲将其送来劳动教养。(2)紧张焦虑情绪持续时间较短，只有一个月。(3)其正常生活、学习、人际交往未受到严重影响，学习和劳动效率有所下降。(4)紧张焦虑的情绪主要局限在个人，情绪反应尚未泛化。

鉴别诊断：求助者没有出现精神病性症状，自知力完整，社会功能并未受到影响，排除重性精神病。求助者心理问题的时间与表现形式与心理因素联系紧密，有具体明确的对象和固定内容，焦虑症状并没有泛化，社会功能尚保持较好，故排除焦虑性神经症。求助者问题的持续时间短，只有1个月；社会功能未受到严重影响；不良情绪体验尚在控制范围内，故排除严重心理问题。

五、咨询目标的制定

咨询师和求助者共同商定了咨询目标。近期的目标是：缓解烦躁焦虑情绪，逐步提高劳动效率。长远目标是：进行认知上的调整，要正确看待父亲的行动及背后的意义，促进心理健康和人格完善。

六、咨询方案的制定

根据求助者的身份特征及其强烈的求助动机，该案例宜以认知治疗为主，调整其对父亲送他来劳动教养这一行动的认知。具体运用倾听、情感反应、内容反应等参与技术以及指导等影响技术。

咨询方案实施前告知求助双方的责任和义务，要求求助者积极思考，提出问题，配合咨询师的工作。

与求助者约定咨询的时间，经协商决定，每周咨询一次，每次50分钟。由于目前咨询师尚未取得职业资格证书，且是工作需要，故不收取咨询费用。

七、咨询过程

咨询过程分为三个阶段。

第一阶段：通过运用倾听、情感反应、内容反应等参与技术来建立良好的咨询关系，让其感受到被接纳、尊重和信任，为咨询的顺利进行打下了基础。同时也能初步了解求助者的情况。例如求助者的改造情况，劳教的原因，探究其问题的表现、形成原因以及求助者主要的人格特征、成长经历、成长过程中家庭背景，社会支持系统情况。

第二阶段：运用指导等影响技术来分析问题，探究原因。

求助者情绪困扰主要原因：一是自己的父亲亲手将他送来劳教，引发了我是不是父亲的亲生儿子的问题；二是担心如果父亲不要他了，自己以后的人生道路该怎么走。针对其原因，和求助者直接进行讨论，如果这次是母亲送你来劳动教养，你会产生是不是母亲亲生的这样的疑惑吗？(不会)为什么父亲送来就会有疑惑，母亲就不会呢？(母亲是爱我的)虽然母亲和父亲在你成长的过程中扮演的角色有所不同，爱的表达方式有所区别，但他们对你的心是一样的，试着用理解母亲的心去理解父亲的行为。至于以后的道路该怎么走的问题，等把父亲的行为背后的意义弄清楚了再讨论。在探讨过程中，求助者虽还有些疑惑，但也有点头动作，眼神平和地注视咨询师。

布置家庭作业：(1)采用自我放松的方法。当再次出现注意力无法集中、烦躁不安的情绪状态时，运用暗示的方法，比如反复说"不要多想，放松——放松——"同时结合呼吸，使自已平静下来。(2)搜索生活中,与父亲有关的生活片段,尤其是父亲对自己的管教方面的事件,试着去体会父爱的严厉与伟大。

第三阶段:调整认知、促进健康。

第三次咨询时,求助者反映自己的情绪状况比以前好,想起了关于父亲的很多生活片段,也感受到父亲曾经很疼爱他,小时候,父亲背着他去逛街,买玩具;后来出国了也经常给他寄东西;和母亲吵架也是因为两个人的教育理念不同;哪怕他误入歧途了,父亲一知道就放下生意,马上回国了等。

在上述基础上,运用认知转变法调整求助者对父亲送他来劳教这一行动背后的意义的认识,让他明白父亲这么做也是因为爱他,他是恨铁不成钢。父爱和母爱有很大的区别,父亲的爱更理性,更含蓄,他父亲的爱给人的感觉是不近人情,却是大爱无疆。此外,对以后的人生路该怎么走的问题,说明劳教的意义在于改造自己的人生观和价值观,要在劳教场所深刻认识到自己以前的行为给家人和社会带来的危害,只要自己真心悔过,及时向家人汇报自己的改造成绩,父亲会再次接受自己的。

快结束时,求助者觉得自己真的想明白了,以前的想法有点钻牛角尖。

八、咨询效果的评估

来访者的自我评估:通过三次咨询,求助者自我感觉焦虑情绪有了明显缓解,心情平静不少,失眠现象消失。自认为对父亲的这种爱有了更深刻的理解。

咨询师的评估:咨询的具体和近期目标基本实现,求助者基本消除或缓解了焦虑情绪,由此而产生的注意力不集中、失眠等问题已基本解决。最终目标方面,求助者对自己看待问题的偏差认知有一定的认识,并已经自觉进行了调整。

最后心理测验结果:SAS标准分为42分。

第六节　心理康复工作模块的设计与实施

团体心理辅导是在团体情境下进行的一种心理辅导形式,通过团体内人际交互作用,成员在共同的活动中彼此进行交往、相互作用,使成员能通过一系列心理互动的过程,探讨自我,尝试改变行为,学习新的行为方式,改善人际关系,解决生活中的问题。

一、工作目的

(一)成长性团体辅导的目标

(1)开发心理潜能;

(2)促进人格成长;

(3)增进心理健康。

(二)训练性团体辅导的目标

(1)提高处理人际关系的能力;

(2)训练生活技能;

(3)增进社会适应;

（4）增强戒毒信心，保持戒毒操守。

（三）治疗性团体辅导的目标

（1）缓解和消除症状；

（2）恢复心理平衡，达到心理健康。

二、工作内容

（一）环境适应团体心理辅导

1.活动目的

通过团体心理咨询使戒毒康复人员彼此熟悉，增进了解，消除人际适应不良，创建和谐交往氛围；使戒毒康复人员加深对自我的了解和认识，提高自我管理能力，了解戒毒康复环境，适应戒毒康复环境。

2.活动名称

第一单元：相识风雨中；

第二单元：风雨同舟；

第三单元：雨天没有伞；

第四单元：雨中见彩虹；

第五单元：敢问路在何方；

第六单元：阳光灿烂的明天。

（二）自我探索团体心理辅导

1.活动目的

协助戒毒康复人员认识自我，正确进行自我探索；协助戒毒康复人员认清家庭对自己的影响，从而增进戒毒康复人员自我解释；协助戒毒康复人员认识他人，理解他人；协助戒毒康复人员能够自我接纳、自我肯定、自我完善、自我实现；帮助戒毒康复人员分析自己违法犯罪的原因，以及自己的不良嗜好所产生的后果；强调戒毒康复人员的独特性格，发掘戒毒康复人员自身内在的潜能，并充分发挥潜能。

2.活动名称

第一单元：团体形成；

第二单元：认识自我；

第三单元：我的个性；

第四单元：独特的我；

第五单元：发现自己，理解他人；

第六单元：家庭中的我；

第七单元：焦点访谈；

第八单元：人生三阶段；

第九单元：团体活动结束。

（三）情绪管理团体心理辅导

1.活动目的

认识日常生活中常见的不良情绪的产生原因和化解方法；了解自身情绪管理方式方法和改进措施；学习使用合理情绪疗法提高自身情绪管理水平；学习压力应对积极的心理措施，维护心理平和、稳定。

2.活动名称

第一单元:情感之旅;

第二单元:察言观色;

第三单元:心理不妙觅良方;

第四单元:心灵之约;

第五单元:心平气和;

第六单元:让生活充满和平;

第七单元:释放心情;

第八单元:生活倍轻松;

第九单元:克服焦虑;

第十单元:在磨难中成长。

(四)自信提升团体心理辅导

1.活动目的

通过团体心理辅导活动,使戒毒康复人员加深自我认识,培养正确的自我观念;纠正戒毒康复人员不正确的信念,消除不必要的自责和焦虑;使戒毒康复人员重新树立自信心,对生活充满热爱。

2.活动名称

第一单元:动物代表我的心;

第二单元:什么是自信;

第三单元:重新审视自己;

第四单元:改变自己不合理的信念;

第五单元:我的性格;

第六单元:我的过去、现在和将来;

第七单元:人生曲线;

第八单元:畅想明天。

(五)人际交往团体心理辅导

1.活动目的

引导戒毒康复人员认识人际交往的重要性,从而为寻求良好的人际交往进行积极的自我探索和行为认知;在活动过程中增强和改善戒毒康复人员的沟通交流,积极运用各种交往技巧;鼓励戒毒康复人员积极地进行良好的人际交往,在此过程中学习、反思、提高和成长。

2.活动名称

第一单元:千里有缘来相会;

第二单元:了解自我,理解他人;

第三单元:星星知我心;

第四单元:你心换我心;

第五单元:穿针引线。

三、工作流程

(一)团体辅导准备阶段

(1)了解服务对象的潜在需要;

(2)确定团体的性质、主题与目标;

(3)完成团体辅导计划书。

(二)团体成立

(1)招募成员;

(2)评估和甄选成员

(3)开展团体心理辅导;

(4)结束团体心理辅导。

四、工作评价

(一)评价的内容

(1)成员行为改变程度;

(2)成员对团体满意程度;

(3)重要他人的评定结果;

(4)成员对个人心得的陈述;

(5)成员对个人表现的评定。

(二)评价的维度

(1)行为计量结果;

(2)标准化的心理测验结果;

(3)调查问卷结果。

第七节　心理健康教育工作模块的设计与实施

心理健康教育是指通过开设心理健康教育课等教育形式,结合戒毒人员文化程度、生理、心理的发展特点,运用有关心理教育的方法和手段,改善和提高戒毒人员的心理健康水平。

一、工作目的

帮助戒毒人员改善心理健康状况,提高心理健康水平;增强戒毒人员自我认知、心理承受和自我调控能力;促进戒毒人员心理康复。

二、工作内容

(一)心理与心理健康教育

(1)心理的一般概念;

(2)心理健康的一般标准;

(3)影响心理健康的因素;

(4)心理健康自我检查。

(二)正确认识自我教育

(1)正确认识自我;

(2)接纳自我;

(3)发展自我;

(4)撕掉身上的"自我标签"。

(三)学会正确归因教育

(1)生活中的归因常识;

(2)归因中的常见偏差;

(3)归因与健康生活;

(4)正确归因 ABC。

(四)培养积极的情绪教育

(1)漫谈情绪;

(2)克服非理性信念;

(3)帮你降服愤怒;

(4)学会管理压力;

(5)理性情绪调节法的运用训练。

(五)建立和谐的人际关系教育

(1)人际关系概述;

(2)阻碍人际关系的几个因素;

(3)促进良好交往的若干因素;

(4)寻找你的支持系统。

(六)主动寻求心理帮助教育

(1)正确认识心理咨询;

(2)心理咨询的类型、原则和作用;

(3)心理咨询的步骤和注意事项;

(4)心理咨询伴你成长。

三、工作流程

制订教学计划、备课、上课、布置和批改作业、考试和检测、评定学习成绩。

四、工作评价

(一)评价内容

(1)戒毒康复人员能够接受并掌握教学内容;

(2)戒毒康复人员能初步运用教学内容解决生活中具体的心理问题;

(3)戒毒康复人员心理健康状况得到改善、提高与康复。

(二)评价标准

(1)好:心理健康状况得到改善、提高与康复;

(2)良:通用所学知识解决生活中具体的心理问题;

(3)一般:基本掌握教学内容,但未能运用所学知识解决生活中具体的心理问题;

(4)差:未能掌握教学内容。

(三)评价维度

(1)任课教师评价;

(2)考试和检测结果;

(3)相关心理测量结果。

第八节　心理危机干预工作模块的设计与实施

心理危机是指吸毒人员个体面临重大生活事件如亲人死亡、婚姻破裂或天灾人祸等时，既不能回避，又无法用通常解决问题的方法来应对时所出现的一种心理失衡状态。危机干预又称危机介入、危机管理或危机调解，是给处于危机中的吸毒人员个体提供有效帮助和心理支持的一种技术，通过调动他们自身的潜能来重新建立或恢复到危机前的心理平衡状态，获得新的技能，以预防心理危机的发生。

一、工作目的

(1)防止过激行为，如自杀、自伤、攻击行为等；

(2)促进交流与沟通，鼓励当事者充分表达自己的思想和情感，鼓励其自信心和正确的自我评价，提供适当建议，促使问题解决；

(3)提供适当医疗帮助，处理昏厥、情感休克或激惹状态。

二、工作内容

(一)躯体疾病时的危机干预

1.吸毒人员急性疾病时的心理反应

一是焦虑，病人感到紧张、忧虑、不安。严重者感到大祸临头，伴发植物神经症状，如眩晕、心悸、多汗、震颤、恶心和大小便频繁等，并可有交感神经系统亢进的体征，如血压升高、心率加快、面色潮红或发白、多汗、皮肤发冷、面部及其他部位肌肉紧张等。

二是恐惧，病人对自身疾病，轻者感到担心和疑虑，重者惊恐不安。

三是抑郁，因心理压力可导致情绪低落、悲观绝望，对外界事物不感兴趣，言语减少，不愿与人交往，不思饮食，严重者出现自杀观念或行为。

2.吸毒人员慢性疾病时的心理反应

一是抑郁，多数心情抑郁沮丧，尤其是性格内向的病人容易产生这类心理反应。可产生悲观厌世的想法，甚至出现自杀观念或行为。

二是性格改变，如总是责怪别人、责怪医生未精心治疗，埋怨家庭未尽心照料等，故意挑剔和常因小事勃然大怒。他们对躯体方面的微小变化颇为敏感，常提出过高的治疗或照顾要求，因此导致医患关系及家庭内人际关系紧张或恶化。干预原则为积极的支持性心理治疗结合药物治疗，以最大程度减轻其痛苦，选用药物时应考虑疾病的性质、所引起的问题，以及病人的抑郁、焦虑症状。以癌症为例，如疼痛可用吗啡，抑郁用抗抑郁药，焦虑用抗焦虑药处理。

(二)恋爱关系破裂时的危机干预

失恋可引起严重的痛苦和愤懑情绪，有的可能采取自杀行动，或者把爱变成恨，采取攻击行为，攻击恋爱对象或所谓的第三者。干预原则为与当事者充分交谈，指出恋爱和感情不能勉强，也不值得殉情，而且肯定还有机会找到自己心爱的人。同样，对拟采取攻击行为的当事者，应防止其攻击行为。指出这种行为的犯罪性质并可能带来的严重后果，因此既要防止当事者自杀,也要阻止其鲁莽攻击行为。一般持续时间不长,给予适当的帮助和劝告可使当事者顺利渡过危机期,危机期过后相当长一段时间内,当事者可能认为世界上的女人(或男人)都不可信,产生很坏的信念,但这不会严重影响其生活,而且随着时间的迁移会逐渐淡化。

（三）婚姻关系障碍时的危机干预

夫妻的感情破裂,结局多是离婚,如果双方都能接受,不会引起危机,否则可能引起危机。

(1)夫妻间暂时纠纷,如受当时情绪的影响使矛盾激化时,可能引发冲动行为,甚至凶杀。干预原则为暂时分居,等待双方冷静思考并接受适当的心理辅导后,帮助解决问题,防止以后类似问题的重演。

(2)夫妻间长期纠纷,其原因包括彼此不信任、一方有外遇、受虐待、财产或经济纠纷等。这可以使双方(尤其是女方)产生头痛、失眠、食欲和体重下降、疲乏、心烦、情绪低落等,严重者出现自杀企图或行为。干预原则为尽量调解双方矛盾,否则离婚是必然结局。对有自杀企图者应预防自杀,可给予适当药物改善睡眠、焦虑和抑郁情绪。

（四）吸毒人员亲人死亡的悲伤反应（居丧反应）

与死者关系越密切的人,产生的悲伤反应也就越严重。亲人如果是猝死或是意外死亡,如突然死于交通事故或自然灾害,引起的悲伤反应最重。

(1)急性反应。在听噩耗后陷于极度痛苦。严重者情感麻木或昏厥,也可出现呼吸困难或窒息感,或痛不欲生呼天抢地地哭叫,或者处于极度的激动状态。干预原则为将昏厥者立即置于平卧位,如血压持续偏低,应静脉补液。处于情感麻木或严重激动不安者,应给予 BZ使其进入睡眠。当居丧者醒后,应表示同情,营造支持性气氛,让居丧者采取符合逻辑的步骤,逐步减轻悲伤。

(2)悲伤反应。在居丧期出现焦虑、抑郁,或自己认为对待死者生前关心不够而感到自责或有罪,脑子里常浮现死者的形象或出现幻觉,难以坚持日常活动,甚至不能料理日常生活,常伴有疲乏、失眠、食欲降低和其他胃肠道症状。严重抑郁者可产生自杀企图或行为。干预原则为让居丧者充分表达自己的情感,给予支持性心理治疗。用 BZ 改善睡眠,减轻焦虑和抑郁情绪。对自杀企图者应有专人监护。

(3)病理性居丧反应。如悲伤或抑郁情绪持续 6 个月以上,明显的激动或迟钝性抑郁,自杀企图持续存在,存在幻觉、妄想、情感淡漠、惊恐发作,或活动过多而无悲伤情感,行为草率或不负责任等。干预原则为适当的心理治疗和抗精神病药、抗抑郁药、抗焦虑药等治疗。

（五）破产或重大经济损失

可使当事者极度悲伤和痛苦,感到万念俱灰而萌生自杀的想法,并进一步采取自杀行动。干预原则是与当事者进行充分交流,分析其自杀并不能挽救已经发生的经济损失,只有通过再次努力才能重建生活。如果通过语言交流不能使病人放弃自杀企图,应派专人监护,防止当事者采取自杀行动。渡过危机期后,当事者可能逐渐恢复信心,可能在一段较长的时间情绪低落、失眠、食欲降低或其他消化道症状,可给予支持性心理治疗和抗抑郁药。

（六）重要考试失败

对个人具有重要意义的考试失败可引起痛苦的情感体验,通常表现为退缩、不愿与人接触,严重者也可能采取自杀行动。干预原则为对自杀企图者采取措施予以防止。发生这类情况的大多是年轻人,可塑性大,危机过后大多能重新振作起来。

三、工作流程

(一)确定问题

从求助者角度,确定和理解求助者本人所认识的问题。

(二)保证求助者安全

在危机干预过程中,危机干预者要将保证求助者安全作为首要目标,把求助者对自我和他人的生理、心理危险性降到最低。

(三)给予支持

强调与求助者的沟通和交流,使求助者了解危机干预者是完全可以信任、能够给予其关心帮助的人。

(四)提出并验证变通的应对方式

危机干预者要让求助者认识到有许多变通的应对方式可供选择,其中有些选择比别的选择更合适。

(五)制订计划

危机干预者要与求助者共同制订行动步骤来矫正求助者情绪的失衡状态。

(六)得到承诺

让求助者复述所制订的计划,并从求助者那里得到会明确按照计划行事的保证。

四、工作评价

(1)好:顺利度过危机,并学会了处理危机的方法;

(2)良:度过了危机但留下心理创伤;

(3)一般:未能度过危机而出现严重的心理障碍(创伤后应激障碍);

(4)差:经不住强烈的刺激而自伤自毁。

五、戒毒人员心理危机干预案例(民警工作手记)

【案例 1】

教育工作中的“147”

——重点顽危强制戒毒人员谢一飞(化名)的转化历程

我最喜欢的一项体育运动叫斯诺克台球,这项运动的最高境界是打出满分 147 分,而要打出这一分数,就需要运动员有扎实的基本功、缜密的统筹计划能力、敏锐的洞察能力、机智的应变能力和一颗想打出 147 的心,这和我们的教育转化工作有着很多异曲同工之处。

2012 年春节,我收到了他寄来的一张明信片,虽然只有几行祝福之类的话语,却带给我莫大的欣慰感和成就感。他曾经是十多次实施自伤自残、被采取保护性约束措施一个多月的所级重点顽危人员,而今他却积极参加所里组织的各项活动:获得了征文比赛一等奖、十大歌手比赛入围奖,多次记优表扬,在科学戒毒的道路上走得健康而又快乐。他就是全所闻名的强制隔离戒毒人员谢一飞,一年时间里他又是如何完成这一华丽的转身的呢?

一、基本情况

谢一飞,男,1988 年 5 月 6 日出生,初中文化程度,布依族,家住贵州省贵阳市白云区,

2011年因吸毒被义乌市公安局决定强制隔离戒毒二年,同年6月15日送至×所接受强制隔离戒毒。

二、思想情绪低落,极端想法突出

谢一飞入所后不久就有同组学员向队部反映该员多次在聊天的时候流露出自杀的念头,甚至询问他人怎样才能死得快。入所队通过几天观察,发现该谢平时情绪低落,找其谈话时也不愿与民警沟通,为安全起见将其调入集训中队。

调入集训中队后,我作为谢一飞的分管民警采取了外松内紧的包夹措施,严密观察其一言一行。值班骨干和包夹学员陆续反映该员平时沉默寡言、情绪低落,说的仅有的几句话也是"想死"、"不想活了"等,暴露出强烈的自伤、自残、自杀的念头。6月29日我在安全检查中,从他身上搜查出一封遗书。上面写到"我愿意以另一种方式结束我这潦草的生命,只为快点走出这沧桑迷茫与绝望","如果真的发生意外一命呜呼,对我来说或许也是一种解脱"等话语,流露出强烈的消极、绝望、厌世的心态,中队将其确定为重点人员。此后我多次以唠家常的方式找其谈话,试图靠近他,了解他的真实心理和想法。但他始终不愿意与别人沟通,谈话时保持高度警惕,表现出对民警的极度不信任,甚至是敌意。

但从谢一飞的口述中我也初步了解到一些情况:他是贵州人,家住省城郊区,家庭条件不错,父亲在区人武部上班,母亲承包园林绿化,自己则在母亲的工地上班,女友是本地的大学生,准备过完年后结婚。2011年刚过完春节,谢一飞携女友坐火车从贵州到浙江义乌游玩,刚下火车时就被义乌市公安机关抽样尿检,结果呈阳性。谢一飞承认自己在老家吸过毒,但对公安机关认定其注射吸毒的事实不服,认为义乌市公安机关在审讯时存在殴打的刑讯逼供行为,所以不服从强制隔离戒毒决定。女友也因他吸毒被抓而不理他,没有来探视过他,再也联系不到。他认为女友无情无义,同时也无法面对家人,不想和家人联系,所以痛恨公安机关和女友,不想活了。

三、深入排摸分析,找准思想症结

针对谢一飞的自述,我和中队其他民警一起对他进行了多次教育开导,但他依然精神萎靡不振,情绪不稳定,自伤、自残、自杀的念头一直存在,常规的教育开导起不到任何作用。期间也多次采取绝食的方法,态度十分消极厌世。同时,我们通过仔细分析初步掌握的情况,发现他的自诉还有很多疑问需要调查求证。一是他与女友已经到了谈婚论嫁的地步,为什么连探视都不来,并且手机关机,再也无法联系?二是他从被抓到现在已有近三个月时间,按他自述的家庭背景,家人应该早就掌握这一情况了,但到现在却还不知道他吸毒被抓的事实,真的是他无法面对家人吗?三是在他被抓到送入我所之间的三个月时间里,义乌公安机关和金华戒毒所在对他的执法过程中究竟有没有存在过错,导致他如此痛恨公安机关,甚至延伸到对我所民警。所以我在对其加强包夹监控的同时,在外围开展了大量的调查取证,准备在摸清谢一飞真实心理想法后,再进行针对性的教育。

然而,我们通过外围调查得到的情况竟与谢一飞的自诉有很大的出入。首先,我们通过多方搜寻联系到了谢一飞的父亲,掌握了他的真实家庭情况:他父亲是贵州老家一个铝厂上三班倒的普通工人,母亲在家务农,家庭条件中下水平;谢一飞自身没有正当职业,自幼就弃学混迹于社会,曾因打架被少教四年,与家人的关系不怎么好;他女友也不是什么大学生,二人从贵州出来后就与家人失去联系。其次,我们从公安机关了解到,谢一飞被抓后就一直采取各种方式对抗管教,在金华某戒毒所曾经采取用头撞墙、吞针、把挂盐水的针头钉入体内等方式自伤自残近十次,民警对其谈话教育也没有任何效果,只有采取束缚措施管理达一个月。

他为什么要编造虚假的家庭情况? 他到底是什么样的人? 为什么要实施如此严重的不计后果的自伤自残行为? 他要达到什么样的目的? 一系列问题摆在面前,如果解决不好,他将会成为一颗严重影响场所安全稳定的"不定时炸弹",不知道什么时候会爆炸,必须排除这颗"不定时炸弹"。

针对谢一飞的情况,我在没有挑明真相的前提下,多次找他谈话,在谈话时通过细微观察,进一步了解他的性格,捕捉他在言语漏洞中的蛛丝马迹,并做好记录分析。首先,他是一个有一定社会阅历的人,自幼混迹于社会,有犯罪前科,恶习较深。其次,他从小家庭教育失当,与他人不能建立起良好的沟通,导致他逐渐形成内向、冲动、偏激、做事不计后果的性格。再次,他承认自己吸毒,是第一次而且时间不长,对戒毒生活有一定的恐惧心理。最后,他改造过,有一定的反改造经验,善于伪装自己。

最后得出结论,导致他实施这一系列行为的症结主要有三点:一是自身性格上的缺陷;二是对戒毒的恐惧;三是对公安机关、女友的痛恨,导致他对生活失去信心,最终通过极端的办法——不计后果的自伤自残行为来达到逃避戒毒、逃避现实的目的,最终在这条不归路上越走越远,迷失自我。

四、把握转化契机,走出心理阴霾

找准谢一飞的思想症结后,接下来要解决的就是如何让他从自伤自残的怪圈中走出来,安心接受戒毒矫治。就在这时,我通过严密的观察有了新的发现,2011年7月2日,在队列训练过程中,他突然手捂肚子蹲倒在地,头冒虚汗。我立即带其到所部医院检查,结果发现他体内胸腹部有三枚针形金属异物,通过询问得知这三枚针是他在入所前用订书机插入体内的。

我认为这是个开展教育转化的良好契机,首先,是向他挑明我们掌握的真实情况时机,给他以心理上的震慑,不让他在自己编织的谎言中越走越远,从而摆脱极端情绪。其次,劝说他的家人来所,开展帮教工作,让他知道父母并没有抛弃他,而是"恨铁不成钢"的心情。最后,通过安排看病过程中的真心关爱,拉近与他的心理距离,建立真诚沟通的渠道。

7月4日,当谢一飞的父母站在他面前的时候,他不敢相信自己的眼睛,惊呆在原地,恍若隔世,一刻钟过后他将头深深地埋下。在会见过程中,谢一飞跪倒在父母面前真心地说了一声"对不起"。同时,我们也借机对他进行了制度、认知、情感上的教育,让他能正确面对现实,从不正常的思想惯性中走出来。会见结束回中队后,谢一飞主动找我进行了一次长谈,把自己的人生经历、家庭经历、改造经历、社会经历一一道出。最后,他长长地舒了一口气说道:"憋在心里十几年的话,今天终于说出来了,就像放下了一块始终压在心里的石头。更没有想到我的父母会来看我,谢谢这里的民警。"我对他说:"如果逃避能解决问题的话,那世上就没有问题了,我们能做的是帮助你找到解决问题的方法,而真正解决问题还要靠你自己的努力。"听了我的话,谢一飞用力点了点头。

五、科学教育矫治,帮助自我新生

谢一飞打开心扉,开始接受强制隔离戒毒后,我们采取了针对性的科学矫治措施,促其彻底戒除恶习,走上新生之路。

一是利用亲情帮教。在谢一飞父母回贵州后,为了彻底打消他认为被家人抛弃的念头,我们定期安排他给家里打亲情电话,让他懂得父母的良苦用心,让他定期向家人作思想汇报,让家人放心他在这里接受戒毒矫治。

二是戒毒宣传教育。为了让其了解当前科学戒毒的目的和现实意义,让其消除对强制戒毒和对戒毒场所的恐惧,让其开展了《禁毒法》、《浙江省禁毒条例》的学习,针对他吸毒时间不长、毒瘾不大的特点,多次教育开导,让其树立正确的矫治观念,增强戒毒的信心。

三是开展心理矫治。在组织对其开展心理咨询的基础上,邀请浙江省某医院的心理医生为其做心理测试和心理辅导。经医生测试认为谢一飞患有轻度的抑郁症,医生结合他的情况为他做了针对性较强的心理辅导,帮助其减少、摆脱不良情绪的影响,改变原有消极、偏激的人生观、世界观,回归正常的戒毒生活。

四是真心关爱感化。因其体内有三枚异物,经医生会诊,决定送其前往杭州某医院住院治疗。经拍片、CT检查,结果显示这三枚针一枚插在胸腔壁上,一枚已插入肝脏,还有一枚在十二指肠、胆管、胰腺附近。期间,我多次前往杭州某医院了解病情,向医生咨询开刀取针的可行性和难度、最佳取针时间、不取针的后果等,并一一向谢说明。经过医生一个月的反复论证及本人签字同意,最后决定先保守治疗暂不取针。这一个多月的关心帮助让他充分地感受到了民警对他的真情,政府对他的关爱,化解了他内心深处对民警和政府的不理解、不信任。

五是引导发挥特长。8月份,谢一飞从杭州某医院出院回到中队,他的思想认识有了很大转变,情绪也相对比较稳定,在平时的谈话中表示自己以前改造过,掌握了平车技术,也喜欢写点东西。中队积极引导他发挥特长,投身所里组织的各项矫治活动,重新唤起他对生活的热情。在接下来的教育沟通中,他表现出不再恐惧戒毒矫治,能与他人进行良好的沟通,处理好人际关系,并且表达了对今后生活的向往。

六是持之以恒。自归队以后谢一飞表现出了前所未有的矫治激情,但我并没有放松对他的日常观察和谈话教育,从中发现他仍然暴露出性格偏激、情绪化较重的迹象,具体表现为一下情绪高涨,但在没有达到目的后又情绪十分低落,甚至通过绝食的方式来表达自己能安心戒毒、急切地想去常规中队的想法,不正常的心理和行为习惯没有得到彻底的纠正。但我并没有因为他的反复而放弃,反而认为这是转化前的阵痛。于是我鼓励他可以利用他想写会写的特长,可以每周定期写,或是遇到思想困难即时写的方式表达自己的想法,过一段时间后自己拿出来回看,从中发现自己的变化,变填鸭式教育为主动性教育,让他自己感受自己的变化,更好地摆脱不良情绪和行为习惯,形成更为稳定、健康的心理。

六、彻底改头换面,成为矫治标兵

通过两个月的反复考验,谢一飞已经形成了较为稳定健康的心理,自控能力有了很大提高,解决困难的能力也日渐成熟。10月份,谢一飞解除集训封闭管理后,投入了正常的戒毒生活。期间,我坚持定期对他进行回访,解答一些他在日常戒治生活中碰到的问题困难,分享他取得的成绩,鼓励他坚持不懈地走好戒毒新生之路,而他也彻底地改头换面:习艺劳动中除第一个月取得三等奖以外,其后都以第一名的好成绩在中队名列前茅。除此之外,他还积极参加所部及大中队举行的各项文体活动,都取得一等奖或第一名的好成绩。在2012年的"6.26"禁毒征文中他写了篇题为"无惧诱惑、远离毒品"的文章,其中写道:"现在的我,在矫治生活中的各方面都取得了不错的成绩,可能有人会认为我在炫耀一些微不足道的事。

是的,我就是在炫耀,我要让那些曾经帮助过我,关心过我的领导及民警们看到,我没有辜负他们对我的期望,我没有让他们为我付出的心血白费! 我现在一直都很努力,不停地努力着。""但好在经过多次与自己心灵深处那个堕落的灵魂交流之后,我现在终于可以鼓足勇气正面回答这个问题。如果可以的话,我还想让更多的人听到我的回答:为了自己的身心健康和美好未来,为了给那些曾经关心我帮助我的人们一个满意的交代,为了社会的和谐与家人的幸福,我能说出那最铿锵的誓言——无惧诱惑,远离毒品!"字里行间流露出他的自信、感恩和对戒毒的坚定决心。如今谢一飞不但完成了人生的转变,而且成为了矫治标兵。

七、工作体会

通过对谢一飞的教育转化,我认识到个别教育是一个长期而复杂的过程,不可能一蹴而就,因为矫治对象的性格脾气、人格缺陷也不是一两天就形成的,所以在个别教育过程中,丰富的谈话教育技巧是基础,找准思想症结是关键,解决好思想认识问题是根本,要善于观察、善于分析、善于统筹协作,还要有敢打硬仗、持久战的心态。近年来全系统开展的规范化管理和精细化管理是大力开展个别教育、提高教育质量的一个很好的平台,只要我们把这些制度落到实处,真正做到"用心工作、注重细节",就一定能够在个别教育的舞台上做出更好的成绩。

【案例2】

戒毒人员不安心矫治干预案例

一、基本情况

曾全(化名),男,1986年6月出生,初中文化程度,汉族,浙江遂昌人,2012年因吸食冰毒被遂昌县公安局决定强制隔离戒毒二年,同年2月投入××强制隔离戒毒所执行强制隔离戒毒。

曾全入所队时性格暴躁易冲动,行事偏执,有暴力倾向。他认为自己是初次吸毒,公安机关处理太重,对强制隔离戒毒决定不服,在入所队写了三份行政复议信函,因公安机关未回复,继而产生了较强的涉访涉诉想法,对民警有抵触情绪。

由于对强制隔离戒毒决定不服,刚入所时各方面表现较差,纪律观念不强,行为养成散漫,队列训练不认真,不尊重民警。2月16日入所队组织队列训练时,大队副教导员到中队巡查,曾全突然从队列中跑出来,向大队领导报告,称"对强制隔离戒毒决定不服",其行为扰乱了正常的矫治秩序,后民警对其进行教育,该员认识不到错误,态度较差。

2月17日,曾全闻讯"父亲因自己被强戒而情绪低落,经常借酒消愁,结果一次醉酒后出了交通意外,医院发出病危通知书……",得此噩耗,曾全痛不欲生,情绪几乎失控,也增强了对当地公安决定自己强制隔离戒毒的仇视心理,并扬言回去要报复抓他的民警。2月20日,曾全向入所队民警申请探视父亲,中队考虑到曾全对强制隔离戒毒决定不服,入所以来纪律表现又不好,且现对公安民警有报复心理倾向,思想极不稳定,如果一旦出所发生意外,形势将不可控,于是未同意探视。

2月24日,曾父不治身亡,曾全再次提出探视奔丧。根据其现实表现,因不符合探视条件不予同意。曾全请假回家无望,便对中队民警产生了怨恨心理,加深了对中队管理的抵触,甚至产生了自伤自残的不良想法,后经民警一个多月来的耐心疏导,曾全情绪才有所稳定。

4月17日,曾全从入所队分流到二大队一中队,鉴于其现实表现,大中队将其列为重点教育矫治转化对象,开展教育转化攻坚工作。

二、教育转化工作情况

(一)深入掌握思想动态,明确不安心矫治原因

通过查阅资料,以及一次次的谈话了解与分析,曾全不能安心矫治的原因有很多。一是对强制隔离戒毒决定不服。曾全这是第一次强制隔离戒毒,自称"首次吸毒且吸毒未成瘾,有从轻处理情节,不应该被决定强制隔离戒毒"。曾全在入所队时,写过三份行政复议信函,但当地公安机关均未回复,因此对公安机关有很大的成见。二是对办案民警有看法。曾全反映自己与当地公安民警在社会上就有矛盾,是"某些公安民警在搞他";即使自己在戒毒所表现再好,等到一年三个月或者一年六个月如符合条件呈报提前解除材料时,当地公安机关也不会审批同意。该学员说"有一个副局长以前是当地派出所的所长,自己跟他打过架,担心将来的解除材料会被扣押"。三是父亲意外去世的变故。该学员认为父亲的死,是他这个当儿子的因为吸毒造成的,深感内疚与不安,而今又不能回家拜祭父亲,不能尽最后的孝道,愧对父亲,愧对家人。在入所队期间,曾全先后二次提出探视申请,但当时中队未能答应他的要求,于是曾全对管理民警产生了怨恨、抵触情绪,更加不能安下心来矫治。

(二)对症下药,把握转化关键点

1.加强沟通,初步建立信任关系

曾全分到二大一中队后,虽然能够遵守纪律,服从管教,各方面表现尚可,但其思想却很偏激,仍然抱有涉访涉诉的想法,对公安民警执法不满,对入所队民警不给其请假回家不满;该学员对民警的谈心带有抵触情绪,不信任民警,甚至怀有敌意,所以该学员从不主动与民警交谈。考虑曾全的性格特点和特殊心态,大队管教领导、中队主要领导和管教领导三人定为帮教责任人,参与日常谈话教育工作,做到"三天一小谈,一周一大谈",有时还根据其现实表现和情绪变化,做到随时谈谈心、拉拉家常;对其要求拨打亲情电话、邮发信件、就医看病等生活上的正当需求,做到及时满足。同时,中队也严密落实了包夹工作,安排两名矫治表现好、有较高文化水平的强戒学员包夹曾全,一是掌握他的思想及行为变化,二是经常给他讲一些在戒毒场所内为人处世的方法,引导他逐渐明白遇到困难找民警、不信任民警解决不了任何事情的道理。渐渐地,通过民警日常的谈话疏导,通过《心桥》的回复沟通,通过中队在生活上的关心,通过学员之间的联号互助,曾全消除了对民警的敌意,不但能主动与民警进行交流,而且对民警的信任感不断增强,说出了自己不能安心矫治的原因,希望中队给予帮助。

2.开展法律援助,使其正确认识强制隔离戒毒决定

5月中旬,所法制科举办法律援助活动,中队主动出击,引导曾全抓住这次机会申请法律援助,就自己被强制隔离戒毒一事向律师咨询。经该学员同意后,大队帮其争取到了法律援助的名额。在法律咨询活动中,该学员向律师说出了自己有5年吸食毒品史,并在过去一年内吸食毒品数十次,且自己在吸毒后自控力差,将家中厨房、客厅的所有物品砸坏,还踢坏村中公用垃圾筒;用匕首威胁公安民警在现场执法,扬言要将民警杀死;砸坏了派出所的办公设施,扰乱派出所的办公秩序……

律师认真地倾听了曾全的陈述,与其探讨吸毒案情,对曾全的一系列违法行为进行了深刻的分析,律师还着重对《禁毒法》第三十八条"对于吸毒成瘾严重,通过社区戒毒难以戒除

毒瘾的人员,公安机关可以直接作出强制隔离戒毒的决定"进行了解释说明,曾全的行为已属于吸毒成瘾严重,公安机关作出的强戒决定是正确的。曾全还提出"在入所队写了几封行政复议信函,公安机关至今都未回复,自己该怎么办"律师告知"如果在规定时间内提起行政复议的,公安机关应当有回复"。律师表示会向丽水市公安机关联系,也希望曾全在戒毒所期间先安下心来矫治。这次法律援助活动结束后,曾全向民警坦言"认识到了自己违法行为的严重性",并对大中队的教育帮扶工作表示感谢。

5月31日,曾全收到丽水市公安机关寄过来的行政复议决定书,维持对曾全强制隔离戒毒两年的决定。曾全情绪稳定,向中队民警表态"接受行政复议决定,不再提起行政诉讼,今后一定会安心在我所接受强制隔离戒毒"。因此,通过法律援助活动以及民警日常教育疏导,促进了曾全对违法行为的认识,也消除了涉访涉诉的不良意愿,对其接受强制隔离戒毒、安心矫治起到了非常重要的作用。

3.利用亲情帮教,争取促进转化

曾全重亲情、念亲情,有一心想祭奠父亲的愿望。5月中旬,曾全的母亲应大队邀请,来所帮教。母亲的关心令曾全十分感动,在母亲面前,曾全悔恨不已,一次次表达了自己的忏悔,希望得到亲人的原谅。民警也因势利导开展教育,希望曾全不要辜负亲人的期望,做到安心戒毒,争取早日新生。通过这次亲情帮教,进一步促进了曾全在所安心矫治。

曾全有一个最大的心愿,就是能够回家拜祭已故的父亲。在民警多次谈话中,曾全都说到"希望能请假回家一次,在父亲的坟上烧炷香、磕个头,以尽最后的孝道"。6月初,该员再次向中队提出探视的申请。遂昌当地农村有百日祭奠的风俗,按照曾全所说,自己不能在父亲下葬的那天回家奔丧,心里一直很亏欠、很内疚、很遗憾,但都只怪自己当时在队表现不好。现今,自己已经安心戒毒,各方面表现都进步了,希望在父亲去世一百天的时候请假回家,希望队部能给他一个祭奠亡父的机会。

经大中队讨论研究,认为曾全目前已认错服戒,思想基本稳定,各方面表现较好,也符合因事型探视的基本条件,利用探视的亲情帮教可进一步促进其安心矫治,于是及时向所部呈报了探视申请。经所部批准,6月5日下午,大中队民警带领曾全回家探视、上坟,实现了该学员闷在心底三个多月的祭奠愿望。在探视期间,曾全能积极服从民警管理,未提出非分要求,表现良好;亲属们也很关心,不断规劝曾全要安心戒毒。此次探视对该学员的思想触动极大,曾全心存感激,表示在中队一定会安心矫治,积极劳动,争取早日新生,还主动向队部提出申请,要求担任中队理发员,为戒毒学员们服务。

(三)狠抓反复,严格要求,鼓励积极面对人生

通过法律援助、请假探视及亲情帮教,曾全的心放宽了很多,矫治表现也更加积极,大中队组织的各项活动,曾全都踊跃报名参加。对于曾全表现出的积极性,中队都适时予以表扬和肯定,使其真实感受到民警在时刻关注他、关心他,从而进一步提高他的自我矫治意识,激发他的矫治积极性。

三、几点体会

虽然,曾全目前已经基本转化,但仍然要看到一个人的思想转化不是一蹴而就的,肯定会有一些反复。因此,一方面,民警在日常教育中,更注重鼓励和鞭策,希望其能够以良好的心态去面对矫治生活;另一方面,中队要多采取心理辅导、心理治疗的方式,让其认识到自己性格的弱点,并一点一点地去改变自己情绪暴躁易冲动、行事偏执的缺点。

第九节　专项心理调节、技能、技巧训练
工作模块的设计与实施

一、放松训练工作模块

放松训练又称"松弛训练",是一种吸毒人员通过训练有意识地控制自身的心理生理活动、降低唤醒水平、改善机体紊乱功能的心理咨询与治疗方法。

（一）训练目的

（1）让戒毒康复人员理解和掌握放松训练的原理；

（2）让戒毒康复人员掌握操作步骤,学会放松。

（二）训练内容

（1）呼吸放松法:呼吸放松法包括鼻腔呼吸放松法、腹式呼吸放松法和控制呼吸放松法；

（2）肌肉放松法；

（3）想象放松法。

（三）评价

通过咨询师观察、求助者自述、医学仪器测量结果等途径评价。

二、预防复吸训练工作模块

预防复吸心理训练以心理学中认知行为治疗思想为基础,即吸毒人员通过正确的认识替代错误的、歪曲的认识,进而使行为发生改变；反过来,通过吸毒人员某些行为训练来获得新的体验,从而纠正错误的认识。

（一）工作目的

（1）增强戒毒人员操持操守的动机:通过决策分析,了解倘若继续吸毒长期和短期的得与失；

（2）教授应付技能:明确高危情境,然后采用恰当的行为应付；

（3）改变强化条件:改变与使用毒品有关的生活方式,建立健康的生活方式,如正常的娱乐、工作和生活；

（4）增强对痛苦情感的控制:训练识别和应付渴求感的技术；帮助戒毒康复人员学会忍受其他强烈的情感,如抑郁或愤怒等；

（5）行为塑造:通过角色扮演学习新的行为。学习如何适应新的环境。在支持性的治疗环境中练习如何拒绝或中断不良关系；

（6）理解和利用条件反射原理:在训练中占有重要的地位,如减少戒毒康复人员对毒品的渴求感。条件刺激和非条件刺激反复结合能够产生条件性反应；反之会使条件反应逐步消失。训练者尝试帮助戒毒康复人员理解和认识条件性渴求感,识别自身的渴求条件性环境,避免暴露到这些环境中,有效地应付这些渴求,降低条件性渴求。

（二）工作内容

（1）交流技能；

(2)拒绝技巧;

(3)系统脱敏;

(4)应付渴求;

(5)应激训练;

(6)只说"不";

(7)走出"偶吸"。

(三)工作流程

交流技能训练(有效交流技巧)

目标:了解三种常见的交流方式;了解自己典型的交流方式;学习如何有效交流的技能。

时间:90分钟。

程序:

(1)开场讲解训练的目的和重要性,介绍此次训练主题。

(2)描述主要三种交流方式,讨论并举例每种交流方式(发辅导材料1)。

(3)角色扮演。

情景:张三在超市工作已有5年多,他的部分工作是负责保管现金箱。一天,有人传言他在偷现金,他的上司也听到了这些传言,第二天,他的上司找到他,非常生气,责备他偷钱。你会如何反应?

三人一组,A、B分别扮演老板和张三,表演老板找张三谈话时的情景,时间为2分钟。

C为观察者:观察B的反应方式

然后三人交换角色,进行同样的表演,直到每人都表演了老板、张三和观察者。

(4)小组讨论。

①结合刚才的角色扮演,判断自己的反应方式。

②分别要求几组在全体成员面前来表演,让观众判断是何种反应方式。

③讨论应该如何反应最有效。

(5)辅导员讲解有效交流的要点和技巧(发辅导材料1~2),指出交流时不应把重点放在别人如何对你,关键在于你自己如何反应。解释如何正确使用"我";宣读辅导材料1~2"有效交流";以辅导材料中的情景为例,使用"有效交流"技巧,说明如何反应。

(6)用刚才的情景为例,再次进行角色扮演,练习有效交流技巧。

(7)讨论运用有效交流后的感受,讲解要求他人改变技巧(分发及讲解辅导材料4)。

(8)总结和结束本次小组活动。

(9)要求小组成员每天练习几次有效交流技巧。

【辅导材料1】

常见的三种交流方式

被动型:与别人发生冲突时,会放弃自己的权利,隐藏自己的感受和想法。为了避免发生冲突,不让别人知道自己的真实感受和想法,委屈自己,迁就他人。

攻击型:发生冲突时,为了保护自己的权利,而忽略他人的感受和权利。攻击型的人短期可能得到自己想要的,但是长期下去却会损害人际关系。攻击型的人因不顾他人的需求会激怒或者伤害他人。

自信型:当受到不公平对待时,明确表达自己的感受和意见,向对方表达自己希望对方作何改变,避免自己受到伤害。自信性的人不会去威胁、攻击或者贬低他人。这是最有用的一种交流方式,传递了当事人最真实的信息,使对方更清楚地了解你的感受,更容易互相接受。

判断以下属于何种交流方式:

商店电视机机修理部答应今天会修好 A 的电视机。A 去取时,发现并没有修好,便对修理人员说:"你们的服务真差劲,我以后再也不到你们这儿来买东西了。"

A 与 B 约好今天去上街。A 到约好地点,发现 B 没有来,B 打电话给 A,说:"对不起,我今天要参加朋友的聚会,不能与你去逛街了。"A 回答:"没关系,祝你玩得愉快!"

A 的室友在未经 A 同意的情况下邀请了很多人来住所聚会,把房间弄得很脏。A 对室友说:"我感到很生气,因为你事先不告诉我有聚会还把房间弄得很脏。如果你事先与我商量并在聚会结束后把房间打扫干净,我会感觉好些。"

【辅导材料 2】

你的权利

(1)有被平等对待和被尊敬的权利。
(2)自己享有与他人平等的权利。
(3)有表达自己的观点、想法和感觉的权利。
(4)有犯错误的权利。
(5)有权选择不替他人承担责任。
(6)不依赖他人,有自己独立的人格。

【辅导材料 3】

有效交流四个步骤

(1)描述当前的问题。
(2)告诉对方你的内心感受。
(3)告诉对方,你希望他做什么改变。
(4)告诉对方如果他做了改变,你会有什么感觉。

【辅导材料 4】

要求他人改变的技巧

(1)客观描述对方的某种行为,不做任何判断。
(2)仅描述你所看到的现象,而不是你的推论。
(3)描述其行为的可接受程度,而不是把其归为好或坏。
(4)着重于此时此刻的行为,而不是对其抽象化。

(5)着重于双方共享信息和看法,而非建议。

(6)商讨其他可能的解决方案,而非解答/解决问题。

(7)选择适当的交流时机。

(四)拒绝训练

1.如何拒绝

(1)活动1:

三人一组,要求甲尽量劝乙喝酒,乙尽量采取一切办法拒绝喝酒,要求甲乙表演至少5分钟。

①丙为观察者,要求观察:是甲劝酒容易还是乙拒绝容易些?为什么?乙采用了哪些方法拒绝甲?

②请3~5组上台来当众表演;

③表演结束丙向全体成员汇报自己的观察结果。

(2)讨论:

①为什么有时候很难拒绝他人?

②拒绝别人时应采取哪些技巧?

2.拒绝技巧

(1)首先判断对方是否是好意,有无义务答应对方的要求;

(2)对方是好意的,但你无义务满足对方要求,应委婉拒绝:

①先感谢对方的好意邀请或信任;

②语气平缓,带有歉意;

③向对方解释原因,取得对方的谅解;

④此次拒绝,为下一次留有余地;

⑤具体表达自己的想法。

例如:"对不起,我不想参加,非常感谢你的邀请"、"我很愿意与你一起逛街,可本周六我已有安排,下次吧!"

(3)如果对方仅考虑自己利益、强人所难或不怀好意:

①拒绝时应直接而清楚,说"不"就足够了,无义务解释拒绝的原因;

②语言清楚、语气坚定;

③用"我"字句开头;

④注意躯体语言;

⑤不要找理由和含糊其辞,给对方留有余地,例如:"不,我不想那样做。""我不能喝酒,喝点饮料好吗?""不行,我认为这样做不好。"

(4)活动2:

①同活动5相同,要求甲想尽一切办法劝乙喝酒,至少坚持3分钟;

②乙运用刚才所介绍的拒绝技巧,仅回答"不,我不能喝!"语气要坚定,目光注视对方;

③丙为观察者,要求观察:甲劝酒容易还是乙拒绝容易?为什么?甲采用了哪些方法劝乙?请3~5组上台来当众表演;

④表演结束丙向全体成员汇报自己的观察结果。

（五）系统脱敏训练

1.训练目的

用肌肉的放松来抵抗心理上的焦虑和恐惧。即在放松的状态下,将戒毒者逐渐从令他害怕或焦虑的事件中摆脱出来。

2.训练程序

（1）学习放松技巧。每日一次,每次 20～30 分钟,实施 6～8 次。

（2）建构焦虑等级。如下表所示。

刺激分类	等级评分
想象中的毒品	20
图片上的毒品	40
电视上的毒品	60
真实的但不是他最爱好的毒品	80
呈现给他最喜爱的毒品	100

（3）实施系统脱敏。

（六）应付渴求感训练

1.训练任务

（1）理解戒毒人员渴求的体验;

（2）描述渴求感,将它看成一种正常的、有时间限制的体验;

（3）确定并回避诱发渴求感的环境因素;

（4）练习控制渴求感的技巧。

2.什么是渴求感

（1）程序:

①分发卡片。每个人对自己以往的渴求感进行评分（将各人的总分写在黑板上,不记名）。

②讨论问题。请你用语言描述"你的渴求感是什么样子?"（请每个人都描述一下）。

（2）原则:

①从一般性的渴求感到吸毒的渴求感;强调渴求感是自然产物,正常的心理活动;

②强调应该把注意力放在如何应付渴求感上。

（3）要点:

①渴求感是一种许多人都能够体验到的正常的心理现象,如饥饿感、性欲,对电子游戏等也会产生渴求感;

②毒品会产生特殊的欣快感和精神满足感,使脱毒的戒毒康复人员强烈地渴望重温梦境般的精神体验,这就是所谓的"心瘾";

③心瘾是吸毒以后的自然产物,在躯体依赖消除以后仍会持续存在;当你心里出现渴求感时,并不意味着你已经犯了错误,重要的是如何处理它。

（4）卡片 1:

渴求感强度评估表

	没有或几乎没有	有时	经常	总是或几乎总是
你平时是否储备一些毒品以备用？				
你是否在早晨醒来以后2小时内就要吸毒？				
你是否通过吸毒来缓解周身不适？				
你是否每天在一定时间吸毒？				
你是否通过吸毒来提神？				
醒来后的第一件事是否就是吸毒？				
你是否心理总想着吸毒这件事情？				
你是否把吸毒视为第一需要？				
你吸毒的想法是否十分强烈，无法控制？				
你每天活动是否总是围绕如何得到毒品？				

3.渴求的诱发因素

（1）程序：

①头脑风暴：有哪些因素可以诱发渴求感？

②讨论结束后分发卡片。并请戒毒学员当众读一遍。

（2）原则：

①从多个角度讨论，不要局限于一种情况；

②讨论每种情况要具体，最好举例。

（3）卡片2：

诱发渴求的危险因素

①吸毒环境：当重返吸毒环境、重睹吸毒场面、重见吸毒工具、重新听到吸毒有关的话题时，会立刻触景伤情，产生强烈的吸毒冲动；

②不良情绪：由于生活中发生不愉快的事件，造成不愉快的情绪时，特别是在生气、悲伤、孤独、内疚、恐惧和焦虑时，通过吸毒来减轻心理烦恼；

③家庭问题：由于吸毒，造成家庭经济崩溃，家庭成员关系恶化，彼此之间缺乏信任，家庭功能破坏，夫妻感情破裂，家庭成员对戒治丧失信心。使吸者觉得生活没有希望，想通过吸毒来消除烦恼；

④不良群体影响：戒毒后又回到以往吸毒的朋友圈子里，往往只要朋友的一句话，所有的决心在刹那间忘得一干二净，重回"毒魔"的怀抱；

⑤正性情绪：遇到非常高兴的事情，想要庆贺一番；

⑥厌烦、无聊；

⑦突然有了许多钱。

4.渴求感产生的原因

（1）程序：

①讲解渴求感产生的原因；

②组织成对交流，填写卡片，并当众朗读。

（2）原则：

①通俗易懂，与实际例子相结合，最好用戒毒康复员自身的例子；

②强调条件反射可以形成，也可以消除。

（3）要点：

①用条件反射的原理解释,以动物为例:食物(条件刺激)—铃声(非条件刺激)—唾液(反应),铃声—唾液;以人为例:毒品(条件刺激)—触发物(非条件刺激)—渴求感(反应),触发物—渴求感;

②在填写卡片的时候可以给予提示:你最可能使用毒品的地点;你和谁在一起的时候最可能使用毒品;你最可能使用毒品的时间;在做什么活动你最容易使用毒品;你常常在什么情绪状况下使用毒品? 如感到害怕或焦虑时;当你做事情失败之后;当你感到无聊的时候;当你自我感觉不好的时候;当你抑郁的时候;当你想提提精神的时候。

(4)卡片3:

我的诱发物

诱发物	渴求程度									
卧室	0	1	2	3	4	5	6	7	8	9
卫生间	0	1	2	3	4	5	6	7	8	9
某个朋友	0	1	2	3	4	5	6	7	8	9
与家人吵架	0	1	2	3	4	5	6	7	8	9
无聊	0	1	2	3	4	5	6	7	8	9
	0	1	2	3	4	5	6	7	8	9
	0	1	2	3	4	5	6	7	8	9
	0	1	2	3	4	5	6	7	8	9
	0	1	2	4	3	5	6	7	8	9
	0	1	2	3	4	5	6	7	8	9
	0	1	2	3	4	5	6	7	8	9

5.渴求感波动曲线

(1)程序:

①讲解渴求感波动曲线;

②请1～2人举例,共同分享。

(2)原则:

①用图直观表示;

②强调渴求感的短暂性。

(3)要点:

①渴求感是一个波动的过程,有高峰也有低谷;

②渴求感不会无限持续下去,是有一定时间的,指出许多人在自己体验到渴求感从开始到结束的全过程之前就放弃了。

6.如何应付渴求感

(1)程序:

①共同讨论和分享:你是如何应付渴求感的;

②讲解:有哪些应付的方法;

③分发卡片,请人逐步朗读。

(2)原则:

①先讨论,然后由辅导员总结补充;

②对错误的方法要及时纠正;

③要及时表扬好的或积极的方法。

（3）要点：

①分散注意力：体育运动、与人聊天、放松练习等（讨论并每人列出一张清单）；

②谈论心中的渴求感：向要好的朋友和理解自己的家庭成员讲述自己的渴求感，可以降低焦虑；

③体会渴求感在自己身上发展的过程：体验开始——高潮——减退的过程，用笔将它的时间记录下来。将注意力放在渴求感本身，注意渴求感所在的身体的部位；

④思考吸毒以后的不良后果：许多人在这个时候只考虑好的结果。要迫使自己思考坏的后果。让患者自己列出保持操守的原因以及破坏操守的后果；

⑤自言自语：不用毒品我并不会死，现在难受一点，但是我知道过一段时间就好了。反驳错误的自动式思维。

（4）卡片4：

如何应付渴求感？

· 转移注意力；

· 向他们谈论你的渴求感；

· 渴求冲浪；

· 想象使用毒品后的不良后果；

· 自言自语渡难关。

7.总结

（1）程序：

①讨论问题：本课要点；

②发放备忘卡，请人逐条朗读；

③布置作业。

（2）原则：

①作业要详细讲解；

②强调作业的重要性；

③认真完成给予适当奖励。

（3）卡片5：

备忘卡

△渴求感是吸毒以后的自然产物，在躯体依赖消除以后仍会持续存在。

△对于戒毒康复人员来说，渴求感是会经常出现的，是正常的现象。它并不意味着失败。相反，你还能从中发现诱发你产生渴求感的原因。如果戒毒康复人员在碰到与使用毒品有关的场景时，会发生联想，激发"心瘾"。

△一些旧的诱发点很难处理和应付，即便是在你戒断数年后仍然强烈，你对此应该谨慎小心。

△渴求感就像大海中的波涛，在浪尖上的时候，力量很强，但是很快就会衰落到谷底。

△渴求感只有在你向它投降的时候才会显得很强大。如果你不去碰毒品，你的渴求感就会减弱并逐渐消失。

△通过排除诱发环境,你就能够回避渴求感。

你可以通过以下方法应付渴求感:转移注意力;向他人谈论你的渴求感;渴求冲浪;想象使用毒品后的不良后果;自言自语渡难关。克服心瘾最好的方法是保持操守,不再从吸毒的生活方式中追求快感。这是一条切实可靠和快捷的解除心瘾的途径。

只有通过"下决心"来克服心瘾是不行的,你必须改变你的生活模式,要获得支持和结交新的朋友,你应当学习怎样放松自己,怎样使自己开心,怎样成熟起来,只有这样才可能减少心瘾,降低你在康复过程中的危险度。而真正要成熟起来需要时间、工作、指导和支持。

8.布置作业

(1)复习卡片5的内容;

(2)记录渴求日记;

时间	场景、想法、感受	渴求感的强度(1~100)	渴求感的持续时间(min)	我怎样应付
周五,下午3点	与老婆吵架,感到沮丧、愤怒	75	20	给朋友打电话,诉苦
周五,晚上7点	看电视,感到非常无聊、孤独	65	30	出去看了场电影
周六,晚上9点	想出门	80	45	出去跑了5圈

(3)回答下列问题:

①列出你不会使用毒品的地方;

②列出当你与谁在一起的时候不会使用毒品;

③列出在什么时间内你不可能使用毒品;

④列出在从事什么活动的时候你不可能使用毒品。

(七)只说不

目标:增加戒毒人员拒绝使用毒品的能力。

时间:90分钟。

程序:

(1)向学员说明:许多人再次吸毒,是由于他们没有掌握如何拒绝毒品的技巧,这次课,我们将训练如何说"不"。

(2)将学员分为三人小组,每个人轮流扮演三个不同的角色:

角色甲:游说者——拿着模拟的白粉试图说服乙吸毒。

角色乙:决定者——决定是否使用毒品。

角色丙:旁观者——记录游说者使用的技巧。

(3)游说者用4~5分钟劝说决定者吸毒,旁观者记录游说者如何劝说以及决定者如何拒绝。然后,旁观者汇报他们的观察,决定者则报告哪些较难拒绝,哪些较易拒绝。

(4)每人都尝试过所有的角色后,讨论:

①游说者利用哪些技巧?哪些最难拒绝?为什么?

②决定者的感觉如何?是否感到压力?在感到压力情况下,是否容易做出决定?

(5)分成新的三人小组,再宣布一次以上的任务,游说者可用新的技巧,这次任务的重点在于决定者。告诉他们:当你处于决定者的位置时,不要有所防卫,坐直,望着游说者的双眼,简单地说:"不"。无论他再提出任何的理由,只说:"不",看看结果如何?

(6)讨论:

①这次作为决定者只说"不"比以前容易多少?

②只说"不"是否比试图说服游说者容易些?

③决定者只说"不"而不说其他的话,是否游说者更难?

④当试图说服那些只说"不"的人的时候,感觉如何?

(7)总结:当你戒毒之后,很可能遇到相似的情境,决定权在你的手中,我希望大家用只说"不"来拒绝毒品,当你要作其他重大决定时,这也是一项非常有用的技巧。

(8)作业:回忆自己成功戒了一段时间后,如何在别人的诱惑下重新开始吸毒的?以后遇到类似的情境,你该怎么应对?

三、预防复吸训练工作案例

【案例】

广西北海戒毒康复预防复吸十步脱瘾法

第一步:认识毒瘾,毒害识别法

学习目的:通过学习毒瘾的定义及吸毒对脑部与行为的影响,让戒毒者知道毒品的危害、成瘾的原理、戒毒的难点和消除毒瘾的途径。

(一)毒瘾的概念

根据美国精神科协会(APA)诊断指南将毒瘾的概念定义为:症状包括耐受性(需要增加剂量以达到所要的效果),用毒品减轻禁绝时所经历的不适症状,多次努力尝试减少或停止使用毒品但却不成功,以及虽晓得毒品对自己或他人造成伤害,但仍继续使用它。

症状包括耐受性是指使用毒品的人产生依赖,对毒品的欲望越来越强烈,使用量越来越大,以达到所需要的效果。"不适症状"指毒品减少使用或戒断时产生的反应,症状如流汗、抽筋、发抖等。

毒品一旦成瘾,就很难戒断。有很多吸毒者多次尝试戒毒不成功后,明知使用毒品会对自身和他人造成伤害,但仍无奈地继续使用毒品,以维护适应性效果。

讨论:什么是毒瘾? 每个组员将答案写在纸上(讲解前)。讲解后对比定义,找出任何误解。

(二)毒瘾的特征

毒瘾有三个明显的特征:耐受性、生理依赖、复发倾向。

耐受性:需要越来越多的毒品以感觉到效果,一旦减少或戒断就发生不适症状。

生理依赖:感觉到对毒品产生强烈的欲望及经历戒断时产生不适症状(病症),例如流汗、发抖、腹泻、抽筋、失眠以及在无法使用毒品时感到焦虑。

复发倾向:许多吸毒者可能得花上几年的时间才康复,而且在康复的过程中可能会经历几次毒瘾复发(复吸)。

(三)误用毒品与毒瘾的区别

讨论:毒瘾和毒品误用有什么不同? 将答案写在纸上。

误用毒品指的是选择不适当,不安全或非法使用毒品,而染上毒瘾的吸毒者已几乎完全失去选择的能力。

误用毒品与毒瘾的区别在:误用毒品是一种为行为问题,会被胁迫、教育及毒品货量减少影响或制止,而毒瘾则通常需要密集与多方面的治疗。

讨论:吸毒者是基于何种不同的原因开始使用毒品的? 回顾自己第一次使用毒品的情景——与何人,何物,何处,何时,为何。

一些可能的因素:好奇、闲着无聊、朋友施加压力,这种感觉更好……

(四)使人上瘾的药物及引起依赖的原因

使人上瘾的药物有很多种类,最为普遍的有:海洛因、安排他命、镇静剂、酒精与尼古丁。

科学家研究发现这些药物都在脑部的某一个部位起作用,这个部位被称为"脑部奖励中心"。这些药物会让你得到快感,同时也导致脑部神经细胞受到长久性的变更。这就是为何要停止使用此类药物如此困难的真正原因。

我们通常把药物使用上瘾称药物依赖。药物依赖是一种慢性的脑疾病,它能引起大脑的病理性变化,容易产生焦虑、自卑、烦躁等,不断改变人的个性。这是为什么人们常说"吸毒能改变一个人"的根本原因。

讨论:①停止使用毒品为何如此困难? ②毒品依赖导致生活各方面改变的有哪些? 结合个人谈体会。③康复需要多长时间?

(五)吸毒的强烈欲望

由于"脑部奖励中心"的作用,驱使或提醒吸毒者不断使用毒品,以致产生强烈的复吸欲望。强烈欲望是一种对毒品无法控制的饥渴或欲望,吸毒者不断地想着使用海洛因。这会使那些没有做好准备加以应付的吸毒者毒瘾复发。

讨论:你们当中是否产生过强烈的吸毒欲望? 谈谈个人感受。

(六)毒品对自我和他人的伤害

1.对人的身体健康的影响

医学研究发现,毒品对人体危害包括:呼吸系统、神经系统、消化系统、生殖系统等,造成严重的身体受损,长期吸毒的人往往易患上神经衰弱、肝炎、肺炎、胃病、阳痿或无生育能力、免疫力差导致常感冒发烧等,最致命的是因吸食毒品不当(共用未消毒的针具注射)感染上艾滋病。目前我国发现70%以上的艾滋病感染者的感染途径是注射毒品。而对艾滋病的治疗至今仍无有效的药物,基本上属于不治之症。

2.对人的情绪、性格的影响

吸毒者使用毒品多年后,情绪上越来越变得不稳定,较易产生焦虑、忧郁、自卑,对日常活动的兴趣不断减少,以致毒品成为其生活的中心。在个性上表现为烦躁不安,易冲动,情绪化,斤斤计较,动辄与人吵架、打架;有点失去人的正常心态,无人格尊严。

3.人的社会关系的影响

吸毒是一种耗资巨大的行为。从几万到上百万,一个长期的吸毒的人,最终的结局是:倾家荡产,家破人亡。当吸毒者毒资耗尽时,只能去靠借、偷、抢等行为来维持生活及吸毒,为此,破坏了人际、亲情关系,加上社会上的错误宣传,使人对毒品及吸毒者极为恐慌,对吸毒者多为远离和歧视。

角色扮演:一学员扮演正在吸毒的人,另一位扮演其亲人,任意设定不同的情景(如借钱得不到)。

4.吸毒与违法

全国人大常委会通过的《禁毒法》将吸毒列为违法行为,吸毒者是违法者、病患者和受害者,规定了对吸毒者采取的社区戒毒、强制隔离戒毒和社区康复的戒毒对策。

吸毒者往往为自己辩解:我花自己的钱买毒品,不偷不抢为何是违法?毒品对社会、家庭、个人有严重的危害,界定吸毒的违法性主要是从社会公共安全问题、稳定问题的角度来定性,从吸毒的过程中得出的结论:吸毒者最终是害人害己。从世界各国看,世界上绝大多数国家把吸毒定性为违法。而且其定性也是从社会安全和危害的角度来考虑的。我国把吸毒定为违法并实行劳动教养,除从社会治安考虑外,还从教育人、挽救人的角度去考虑。

(七)毒瘾测试(自我测试)

(1)你是否需要增加药物剂量以达到先前的同样效果?

(2)你是否经历不适症状(例如发抖、睡眠问题腹泻)或使用药物来舒缓这些症状?

(3)你是否曾想要减少使用毒品或者曾经尝试减少但却做不到?

(4)你是否花大量的时间获取或使用毒品或克服毒瘾的效果?

(5)你是否因为使用毒品而放弃了重要的活动?

(6)你是否晓得毒品会使你觉得身体比平时更加不适或情绪更低落,但却仍继续使用毒品?

(7)你实际使用的剂量是否比打算用的还要多,或使用时实际所花的时间比打算的还要长?

注意:测试者要以"是"或"否"回答每道问题。测试时要真实地回答。如果你的肯定回答有两题或两题以上,说明你可能对海洛因上瘾;若回答两题以下,那你可能处于依赖的初期阶段,或可能开始滥用毒品。

(八)强制隔离戒毒

强制隔离戒毒是我国戒毒的主要形式,强制隔离戒毒是帮助吸毒者戒除毒瘾的有效途径。这是从吸毒成瘾的原因及戒毒经验得出来的结论,因为,吸毒者不可能靠自己的力量戒除毒瘾,而必须依靠外来的力量帮助才能彻底戒除毒瘾。

(九)毒瘾与戒毒康复

前面已经说过,吸毒成瘾后要想彻底戒除,相当困难,而且在康复的过程当中可能经历几次复吸。通常在完成治疗后的90天内,在无强制的条件下,三分之二的吸毒者毒瘾会复发。因此,戒毒康复需要科学和系统的训练,才能帮助毒瘾者戒断康复。

生理脱毒大致有药物脱毒、自然戒断、针灸除毒等方法。还可以借助戒毒仪器辅助脱毒,如韩氏治疗仪。康复治疗大体分为心理疗法和行为疗法两种。防止复吸训练是针对戒毒的心瘾问题而采取的综合式训练。目前国内外的戒毒康复训练方式有多种,比较著名的有TC(住宿治疗团体)和NA(匿名戒毒会)等。现在我们采用的十步脱瘾法就是总结了以上的一些做法,并结合我国的一些国情及有利因素来制定的。

讨论:①你们有多少人觉得在离开戒毒所后能够靠自己的力量继续禁绝毒品?②你们有几位觉得若得到支持和帮助,便能认真戒毒,彻底消除毒瘾?

本步法小结:我们学习了毒瘾是什么及它如何影响我们的脑部和行为。认识了毒瘾极度地改变了吸毒者的生活,影响其脑部、身体、情绪与精神健康,破坏人的社会关系,以及导致违法犯罪;掌握了戒毒康复有关知识、步骤。吸毒者若要康复,就必须采取行动,学习如何过着没有毒品的幸福成功生活,并坚持它、习惯它、保持它。

讨论:全体学员讨论以上结论,每人须发言一次。

作业:

(1)在笔记本其中一页的中间画一条竖的直线,然后:①在直线的一边写下你能想到的使用海洛因的所有好处。②在另一边列出使用海洛因的所有坏处及它如何影响你和你周围的人。

(2)思考:为什么要停止使用海洛因如此困难?

(3)思考:若要从海洛因毒瘾中康复并彻底禁绝,你必须做什么?

第二步:改变现状,立志戒毒法

学习目的:认识改变的阶段模式,让每一位参与者自我比较,确认正处哪一个阶段,并进行自我检讨,以增强戒毒信心,为下一步改变生活方式做准备。

戒毒人员自我提问一个重要的问题:是否准备好针对你的毒品使用做出改变?

(一)改变阶段

考虑前→考虑→准备→行动→维持

吸毒者可能会在这个程序中来回循环,比如吸毒者在禁绝后又复发,便会回到考虑前的阶段。

考虑前:并不觉得海洛因造成什么问题,感到被迫进入戒毒所,觉得除了违反法律受处罚外,没有任何真实的问题。

考虑:已在想着是否要戒毒;想着使用毒品如何影响着他人;也许正在尝试做出一点改变,例如减少使用量。

准备:已打算要戒毒;或许已经减少使用量,已清楚知道吸毒的坏处多于好处。

行动:已经不再使用;正在避免会促使使用毒品的情况;寻求支持与帮助以维护禁绝。如:更换了游乐场和玩伴。

维持:已经很久没有使用海洛因;改变了生活方式而变得更负责任;帮助其他人停止使用毒品。

练习:指出下面四个人正处在哪个阶段?

(1)兴兴已厌倦每个人对她使用毒品的事不停地唠叨:"为什么他们不明白只要我能偶尔使用一点海洛因就能感觉好呢?它能帮助我放松,就如一些人喜欢喝酒一样。为什么海洛因是非法?真不公平!"

(2)少华感到非常自豪。他已经有两个星期没有使用海洛因,并不再和以前一同吸毒的朋友交往。他也避开使用毒品的场所,他在工作方面的表现更好,也在工作上认识了两位新朋友。他的家人见他每晚准时回家吃饭,都感到很高兴。他真的希望能永远不再使用毒品。

(3)佳明在戒毒所已有两个月的时间。他本来觉得并没有需要来这里。"毕竟,我又没有每天使用海洛因!"最近,他开始发现自己使用海洛因的方式和其他的吸毒者相同。"也许我正在走上这些顽固吸毒者的道路?如果我继续使用海洛因,是否会像他们那样染上严重的毒瘾?"

(4)洪如在两年前离开了戒毒所后立志不再使用海洛因。离开戒毒所的两个月后，他曾有一次重蹈覆辙，使用了在抽屉里找到的一些海洛因。然而，另一天当他醒来时，他为自己的行为感到恐慌，于是请一位支持他的朋友前来和他谈话，之后他再也没有使用过海洛因。每当他觉得需要帮助，就会找电话给这位朋友。他每天都去上班，老板对他的进步表示满意。他已完全改变生活方式，花更多时间与家人与新朋友在一起，并且对禁绝毒品充满信心。

答案：兴兴处在考虑前阶段、少华处在行动阶段、佳明处在考虑阶段、洪如处在维持阶段。

讨论：①学员自我思考一下目前正处在哪个阶段？②大胆与其他学员谈论自己吸毒的利弊，把自己感受讲出来。③学员当中是否有人曾参加自愿戒毒过，把治疗感受讲出来，并谈一下戒毒失败的原因。

(二)改变的含义

这里所说的改变，实质是对戒毒做出决定，对个人进行一次彻底的改变，包括停止使用海洛因，学会自我照顾，学习戒毒康复技能，过上正常而又负责任的生活。

作业：你认为自己必须在生活中(思想、情绪与行为方面)做什么改变，才让你能远离海洛因？

本步法小结：戒毒是个长期的治疗过程，认识改变的各个阶段有助于相信使用海洛因确是个严重的问题，需要改变并立即行动；确信毒瘾能戒除，但当中会经历反复的过程，但只要有坚定的信念，最终会取得胜利。

第三步：列出清单，个性修复法

学习的目的：防止复吸的基本方法是学会自我帮助、寻求帮助、帮助别人。列出个人清单是自我帮助的一项重要举动，它和今后的与别人谈论个人清单、做出补偿有密切的联系。本步训练是让学员进行自我检讨，确认个性与行为方面需要改变的地方，把它写成一份个人清单。

(一)个人清单的含义

这里指与吸毒关联的个人情绪及不良行为，并因此造成个性的缺陷的诸多因素。如：怨恨、愤怒、忌妒、忧郁、内疚、耻辱、自傲、贪婪、怕输等。

(二)写出个人清单的意义(为何写清单？)

造成吸毒的原因很多，但这并不是关键。关键是吸毒上瘾后都有些促成长期依赖毒品的因素，这些因素的存在导致了长期复吸。

长期吸毒不但给人的身体带来严重的伤害，而且给人的精神带来更大的损害，使吸毒者在生理、心理及行为上产生了变化，产生了性格和情绪上的问题。而这些问题是长期依赖毒品的原因之一，如：许多吸毒者都对生活不负责，并在建立一个具体奖励性的生活方式方面做得很少，而要负责任，保持与家人、朋友与同事之间的良好的关系，就需要做出较大的努力。依赖毒品的生活通常会产生相反的后果：自卑感、羞愧、沮丧、被人拒绝及许多其他的问题。因此，把这些问题找出来是为了"清理房子"。也就是说，找出性格上缺陷是为了今后克服和改变它，使自己恢复到吸毒前的正常状况。

(三)如何写清单

(1)写清单最简单的就是回想过去几年的事，并列出任何你能想到的问题。这些问题是：

①与朋友、家人或同事之间关系上的问题。如与人争吵或打架；虐待或亏待他人；受到

不公平的对待或被人欺负;被冷落或冷落他人;令朋友、家人或同事失望;在你生命中是否有人会让你觉得你和他在一起令你感到非常不自在。

②犯法问题。偷盗、与毒品有关的罪行、暴力罪行。

③引起内疚的事:因偷盗、说谎、行骗;因忽略责任(对家人、他人);因伤害他人的身体或心理;因说闲话或散播谣言;因左右或利用他人;因不管(不关心)他人(亲人)。

④情绪上的问题。惧怕、焦虑、愤怒、怨恨、忌妒、仇恨、自卑、忧郁、内疚、耻辱等。

⑤个人性格上的自私或以我为中心(我先);自怜(我真可怜);怨恨(停留在过去的伤害与愤怒—我是唯一一受苦的人);不负责任(世界欠我一口饭吃!);不诚实(无法诚实地面对自己);自卑感(觉得自己一文不值!);自傲(觉得比别人优越);愤怒;惧怕;贪婪。

(2)列出个人在性格上的优点。如:我很风趣并能令别人发笑;我很关心别人;我一直都是个很好的朋友等。

(四)清单的使用方法

每当出现清单上确认的缺陷,重视它,向它挑战,并最终能丢弃它(今后还将教授学员学会战胜这些缺陷的技能)。

第四步:谈个人清单,寻求他人帮助法

学习目的:大胆地向一个值得你信赖的人谈论个人的清单,是学会寻求帮助的方法之一,这样做有利于你坚定放弃缺陷的信心和坚定戒毒的信心。

练习方法:

(1)要求组员自愿讨论,若没有自愿发言即在学员中找一名学员来说,若没有或不敢即让每个学员在一张纸上写下自己的缺陷并说出它是如何导致他们使用毒品(学员无需写下自己的名字),把写好的纸张放入袋子或纸箱中,随意抽出一张,让学员大声念出。按以上的办法让每个学员轮流念出清单。最后将清单上的缺陷写在黑板上。

(2)以写信或打电话的方式,与所外一名你值得信赖的人(不管是何人)谈论你的清单。

作业:

(1)想一想,在你今后的生活中是否有一个值得你信赖的人,并能够和他讨论你的清单。

(2)安排学员之间谈论各自的清单(自愿的前提下)。

第五步:忏悔道歉,伤害他人补偿法

学习目的:学会帮助他人,学会补偿他人。

(一)补偿的意义

这里所说做出补偿的目的并不是为了他人,而是为了自己。吸毒的人一旦上瘾后,就以毒品为中心,以自己为中心,不顾全他人,更不想去帮助别人,伤害他人后也不觉得有什么不妥,反正能满足自己(吸毒)就行。这种心态是极不正常的,改变这种不良心态的办法就是让戒毒者重新学习帮助别人。设法帮助那些需要帮助的人,可以减轻以自我为中心的心态,能忘掉自己的烦恼,能帮助改善与他人的关系,能帮助自己重新建立自尊与自信心。更重要的是促使自己对生活充满信心,记住:在帮助别人当中帮助自己,这就是学习者为什么做补偿的真实目的。

(二)补偿的内容

回忆过去的行为,找出做错的事,并对在这件事当中伤害过、冷落过、冒犯过的人做出补

偿。如欠了钱就尽快还;偷了别人的东西(钱)就要道歉并还(清);因自己吸毒而伤害了亲人、朋友需要去认错、忏悔等。

(三)补偿的方式

尽快做出行动。能够现在做的,就要尽快去做,如认错或忏悔可以通过写信或打电话的方式去。如果现在没法做出补偿也没关系,先做个计划(比如何时、何地,用什么方法,用多长时间去补偿),等待有机会时再去做。注意:在补偿的时候,别太在意他人的感受,如果对方接受更好,不接受也没关系,不要灰心失望,因为你已经尝试过了,你已经尽力了,那是对方的问题,不是你的过错,记住:尽力就行! 此外,补偿的方式要正确,否则会引起相反的结果。应当注意的是避免在补偿时造成他人新的伤害。如过去曾对妻子不忠,有出轨行为。补偿的办法不是直接地告诉她整个事情的经过,如果告诉她就可能会造成伤害,导致婚姻的破碎。正确的办法是心中忏悔,用行动上去补偿,在生活上关心她,在情感上加倍地投入……

讨论:①做出补偿的意义。②角色扮演:一名组员扮演被伤害的家庭成员、朋友或同事,另一名扮演做出补偿的人,让他们扮演出不同的情景。

第六步:制定计划,改变生活方式法

学习目的:让吸毒者制定一项改变生活方式的计划并加以练习和熟练掌握。

从毒瘾中复原需要180度的转变。一个人要几乎完全改变绝非易事。因此,制定一项改变生活方式的计划并长期地按照计划认真地做,这是一个转变的过程,是戒毒者康复的必经之路,因此,这步脱瘾法是整个脱瘾法最为关键的一步。

改变生活方式的计划及相关内容如下:

(一)每日进行一到两次的松懈或静坐训练

松懈方式有打太极拳、静坐(气功打坐)、练习瑜伽等。下面介绍一种简单的松懈训练方法:

在一个安静的地方舒舒服服地盘坐,地方不要太光亮,尽量暗一些。念出以下指示(集体训练由辅导员念,个人训练由自己默念,念时要慢一些,在每一步间停顿大约3~5分钟):

闭上眼睛,慢慢地深呼吸,直到感觉吸气深入到腹中。从1到5数,数算每次的呼吸后再重复。尽量不要去想任何事,倒空一切思绪,若有思绪进入大脑中,不必抗拒,把注意力集中在你的呼吸,数算每一次的呼吸。接下来的20分钟继续这样做,随着每一次的逐渐放松,倒空一切思绪。

每次脱瘾20分钟左右,每天两次。最好是早晚各一次。

戒毒人员可以学习一些更深入的静坐技巧,如瑜伽、气功。(训练班将根据实际情况进行这方面的学习和训练)。

(二)寻找赞助者

找一个能够在你有困难的时候给予你支持或帮助的人作为赞助者,这个赞助者善于聆听,值得依赖,并明白你在尝试做什么(戒毒)。若有可能,定期与赞助者会面,讨论你在复原中的进展或是你所遇到的问题等。注意:赞助者的角色并不是在经济方面资助你,而是成为给予你支持的朋友。

(三)伙伴制度

与另一名努力认真戒毒的吸毒者成为伙伴对戒毒很有帮助,双方可以相互学习和帮助,有困难或需要帮助时,可以打电话联络对方及相约见面。本训练班的学员解教后可以相互

联系,定期进行小团体式的集会,讨论各自的问题和戒毒心得,这对戒毒帮助很大,可以使戒毒者之间相互勉励、相互促进、增进友谊。

（四）寻找一群新朋友

寻找一群不同的新朋友,与他(她)们建立正常的友谊关系,不再与正在吸毒的人来往,这样做有助于避免被再次引诱和拉拢。

（五）改变或更换生活环境

不再到曾经吸毒的场所或与之有关联的活动场所去也是很重要的,有条件的学员可以进行异地安置,在新环境进行正常的工作、学习、生活,对戒毒康复的学员来说帮助非常大。

（六）培养新的嗜好,体育及娱乐活动

参与一些有益处的娱乐活动,以代替吸毒活动。参加一些社区体育组织,学习一样新的嗜好,寻找一些喜欢的活动,甚至是简单的活动如:到公园跑步或散步、下棋、烧烤、游泳、上网等。如果你整天忙于做喜欢而又有益的活动,对预防复吸有很大的帮助。

（七）帮助别人

第五步训练已经介绍过,补偿或帮助他人对减少自我烦恼、增强自信心有大的帮助。

（八）每日反省

傍晚(或早晨)时,安静地坐下并思考之前24小时内所发生的事。也可以记录每日的清单:是否有做错事? 是否在复原中有进展? 是否忘记做某事? 等等。也可以写日记,记录戒毒的感受、经历。

这段思考的时间可以结合静坐或阅读一些刊物进行。

（九）找工作

解教的学员要找一份工作做。找工作的一个方法就是先义务替别人做喜欢做的事,如果表现好,那之后很有可能被聘用。若没有,自己也已经吸取了一些实际经验,这将能其你在其他地方更容易找到工作。如果可能的话,建议立志做一名戒毒工作者,可以通过自身的吸毒经历,教育他人,帮助其他吸毒者戒毒,这对自己保持操守有极大的帮助。记住:有压力才有动力。

做好以上的改变生活方式的计划并认真地做,对戒毒康复者很重要,而且要一天一天去做,并注意从中找到生活的乐趣。

作业:

(1)拟订一份个人计划。

(2)从提议的计划中选择一项并熟悉掌握它。

(3)进行具体的练习。

第七步:提高警觉,毒瘾复发感知法

学习目的:掌握毒瘾复发的过程,感知复吸的可能性。

前面我们曾经提到,通常接受治疗而戒掉海洛因、酒精或烟瘾的人,有2/3在之后的90天内毒瘾复发,因此,复发率相当高。有时候复发过程在不知不觉中,特别是一个人面临困难、压力、诱惑时极易再度使用毒品,比如:遇到社会压力的时候;与别人争吵或打架或产生不愉快的时候;遇到与毒品有关的事物引发强烈欲望,陷入了苦恼、产生孤独感、无生活乐趣的时候。这时候由于没有有效的应对方法,就会再次复吸。这是因为毒品能迅速帮助人消除以上的烦恼(大脑的哄骗,产生的快感效果,前面已经介绍)。

(一)复吸的初期警戒信号

(1)生活充满太多责任问题所造成的压力。如:没有工作,无生活来源;工作压力过大,产生负面的情绪太多。

(2)感到生活太少有享受,而自己又越来越想即刻得到满足而导致对毒品产生强烈欲望。

(3)否定或给借口,让自己的行为显得合理。

(4)一些有关联的决定(自己不一定知道)。如让一位正在吸毒的人来到家里住。

讨论:试回顾自己到戒毒所之前的最后一次毒瘾复发情形。包括生活中所发生的哪些事?当时的感受如何?是否觉得当时的压力很大?当时的人际关系有无问题?这些问题对你再次吸毒有何影响?

(二)高度危险状况

(1)到过吸毒的地方引发使用毒品的强烈欲望。

(2)被正在吸毒的人引诱。

(3)发生不良的人际关系,如打架、吵架、发生情感或家庭纠纷等,产生不好的情绪(愤怒或忧郁)。

(4)身体发生不适或患病,如发生疲倦、疼痛、酸痛等,吃药无济于事,感到世间无良药。

(三)复发过程

从发生初期警戒信号到高度危险状况,如果戒毒缺乏应对技能,没有得到较好的帮助,毒瘾便会全面复发。

(四)例子

延伟两个月前离开了戒毒所。他很难和家人同住,因为他们仍为他偷钱买毒品的事生气。他大部分的时间都独自个人坐在房里,而且没有积极地找工作。他没有新朋友(人际关系发生问题,觉得难过与孤独,自怜)。一天他与父亲发生争执,因为父亲说他好吃懒做,于是他决定去找他的旧朋友(还在使用海洛因),想请教他在哪儿能找到工作。当他在朋友家时,他开始对海洛因产生强烈的欲望。延伟的朋友这时给他一些海洛因,结果他受不了诱惑(重犯)吸入了海洛因后,他对自己说:"管他的,我反正无法摆脱毒品,我干脆继续吸毒——离开戒毒所后,这是我第一次感觉那么好!"他没有寻求帮助,却继续吸毒(复发)。他在三个星期后又被抓而又送到了戒毒所。

作业:列出自己有可能重新复吸的情况。先结合自己复发的整个过程把与之关联的问题列出来。然后,想一想,努力做个尝试,自己还有没有其他避免的办法?

第八步:巧妙回避,高危状况避免法

学习目的:介绍与复吸有关联的问题,让学习者掌握应对这些问题的方法,做到预防在先,避免陷入复吸高危状况而导致全面复吸。

(一)无工作的烦恼

一个人如果没有工作,就等于没有了经济基础,很难有正常的社会生活,或许他的家庭背景十分优越,但他始终很多问题,如无目标追求,生活乏味,精神空虚,失去对人生的追求,容易发生一些不良的行为,如赌、嫖、吸毒等。解决的办法就是去找工作,想办法生存,想法子发展。找工作的问题在前面第六步已经简单地介绍。最主要的是要参加一些职业技能训练,掌握一些工作技能,要有吃苦耐劳的精神,同时,要根据自己的实际情况,培养个人的一

些特长，爱好。我所今后可能会尝试在已经戒毒所成功的学员中培养部分戒毒工作者(争取国家或国际的戒毒、禁毒部门的支持，特别是资金的支持)，既解决工作问题又可以帮助学员巩固戒毒成果，减少复发。

(二)因环境引起的吸毒问题

解决的办法就是离开不良环境，如果不能够异地工作生活的话，则尽量不要到这些地方去。特别是容易引发自己复吸的场所。

(三)交友的问题

人在社会中不可能没有朋友，在交友时，要清醒地认识，不要因一时的冲动误入歧途。对戒毒者来说，还是多交一些对自己戒毒有帮助的人为好。要勇敢地走出"围城"，和过去的毒友暂时断交。记住：世界如此之大，何愁"天涯无芳草"？

(四)情绪上的问题

人的情绪受环境或人际关系制约，而且人的生理问题同样会产生不同阶段的情绪问题，人的情绪因生理同样发生较大的起伏。当人遇到受打击、苦恼、愤怒或不满时，解决的办法就是要学会平常心，不管遇到多么大的情绪干扰，告诫自己要冷静，还有一些办法就是经常练习松懈方式或者听一些音乐或进行运动，经常性地开展这些活动可以使心情保持平稳。如果不胜酒量，猛喝几大口，醉了便睡。

(五)人际关系的问题

对家人、朋友、同事等要爱护、尊敬或尊重，遇到有矛盾时要学会宽容，要用时间去冲淡一切，千万不要结怨，这样做无助于问题的解决，相反，还会给自己和他人都带来同样的伤害。和解时要主动、大胆，方式多些、技巧些。

(六)疾病的问题

人发生疾病在所难免，要相信医生，相信科学。对自己患上一些顽疾要树立顽强的斗志，坚信自己能够战胜病魔，千万不要一时的泄气而再次使用毒品，造成对身体更大的危害。

(七)其他的问题

如引发自己复吸的物品要处理掉，尽量不要去回忆过去一些不愉快的事。

第九步：果断避开，毒品拒绝法

学习目的：让学习者扮演角色进行练习，学会向提供毒品者讲"不"字和避免接触吸毒人员的30秒时间拒绝方法；懂得产生强烈复吸欲望时的应对办法。

(一)说"不"字的拒绝

拒绝毒品最成功的办法就是对毒品说"不"字，说出"不"字，是保护自己的方式，没有人有权要求你使用毒品，除非你正处在被迫害之中，而这种情况出现的可能性较小。

说出"不"字要有信心，语气要坚定。对引诱你吸毒的人说"不"字时，要严肃而认真地正视对方的眼睛，用坚定而又闪亮的目光告诉对方，你是百分之百的拒绝者。如果没有正视对方的眼睛，并且肩膀下垂，身体畏缩，则会显得紧张或不肯定，就不可能坚定地去拒绝。

练习：一个扮演正在康复的戒毒者，另一个扮演提供毒品的人。两人一组，轮流扮演不同角色；

提供毒品的人用三分钟的时间，说服另一个戒毒人员。要求：回答时只说一个"不"，不用说其他话或借口。

（二）"30秒"原则的拒绝

遇到正在吸毒的人,用30秒的时间进行拒绝。这样做是为了尽快离开对方,尽可能不受对方影响,以致产生强烈的复吸欲望。

下面介绍几种拒绝方式:

（1）直接回绝。"我不吸了"。"我戒了"。"不用人,多谢"。"我不会再上当了"。"我不再走回头路了"。"毒品让我失去的东西太多了,我不会再用它"。

（2）转移话题。"对不起,我的父亲（母亲、妻子、儿女）生病了,我去看他（她）"。"对不起,我那边有更重要的事情去处理"。

（3）找借口。"我与老婆正打赌,一年内我不吸"。"我的妻子正怀孕,我不能这样做"。"我正被警察盯住,不必了"。"风头正紧,你也不要吸了"。

（4）摊牌。"请尊重我,否则朋友也做不成了"。"别逼我,别害我了"。"别这样,我受够了"。

（5）提出新建议。"我戒成了,你也别吸了"。"你看我多自在,你也不要再陷下去了"。"我学会了戒毒的方法,很有效,你要不要试试"。

练习:角色扮演:一个扮演正当康复的戒毒者,另一个提供毒品的人。两人一组,轮流扮演不同角色:

正在康复的戒毒者用30秒时间避开遇到的正在使用毒品的人。

（三）应付吸毒欲望与冲动

对毒品产生强烈欲望或想吸毒的冲动只持续一阵子而已,虽然它来的时候感觉上似乎很强烈,但只要我们能坚持几分钟不屈服,这一欲望和冲动将慢慢消失。在产生欲望时,把有关联的事情记录下来,为了下一次更好地避免它。记住:冲动的时间只是很短,而随着每一次不屈服,我们就会变得更加坚定。我们走向胜利的时间已经不远了。

第一、向自己承认"我有强烈的欲望及冲动想使用海洛因"。

第二、检讨脑海里的思绪:我是否期望吸毒是值得的? 我是否现实? 若我再度吸毒将会有什么后果? 看我为戒毒付出了多少努力! 看看吸毒的利弊! 质问对吸毒不现实或不切实际的想法。

第三、尽可能改变情况。到别处去。

第四、找人谈一谈（比如赞助者或伙伴）。

第五、记住欲望和冲动的时间很短,一下子就会过去了!

讨论:你是否曾对吸毒有强烈的欲望和冲动? 你用什么办法来应付?

第十步:后续照管,团体互助法

学习目的:系统地掌握整个脱瘾法,建立戒毒互助团体,学员走向社会后熟练操作。

（一）制订个人康复计划

（1）过着平衡及富有情趣的生活,尽量减少压力,避免不好的情绪。

（2）找支持自己朋友及家人谈一谈。（我所计划召开一次预防复吸"赞助者"座谈会）。

（3）避开正在吸毒的人,尤其是活跃的吸毒者。

（4）碰到其他吸毒者时,应用拒绝技巧。

（5）学习如何应付吸毒的欲望和冲动（尝试应用放松技巧）。

（6）记住:倘若你不小心重犯而只是暂时地使用毒品,你不必进入毒瘾全面复发的状态。即刻寻求帮助!

要求:每一名学员都要写下一个总计划。

(二)事后照管

找出家庭或社区里2—4个能够帮助康复的人,这些人可以是一位明白事理的朋友、亲戚、雇主(单位领导)或邻居,今后我们也乐意去帮助去联系。一旦有问题时,尽可能找他(她)们来谈一谈。

(三)设立戒毒者团体

对参与学习训练的戒毒人员建立跟踪体系,有通信地址或其他联系方式。成立戒毒小团体,团体的成员由参加十步训练法的学员解教后组成,选出会长、副会长和秘书长,制定相应的活动规则,定期进行小团体集会,让戒毒者之间增进友谊,相互勉励,树立戒毒信心。辅导员充当信息员,定期为会员寄去戒毒信息、会员信息,提供学员的解教后的联系方式,帮助建立戒毒小团体,协助开展相关的活动。

第四章　吸毒人员吸毒成因与
管教工作方法艺术

第一节　吸毒人员的吸毒成因

目前,我国禁毒形势越来越严峻,短时间内吸毒人员数量迅速增长,并有低龄化、低文化群体化趋势,而且戒毒后的复吸率居高不下,严重危及人类的生存和社会秩序。因此,要从根本上解决毒品违法犯罪问题,就是要堵流截源,探讨吸食毒品的成因问题,在源头上对吸毒违法问题进行防控,并有针对性地开展戒毒工作,从而逐步消除毒品市场,减少吸毒人员的滋生和复吸,这对拒绝毒品,远离毒品,推动我国禁毒事业的进一步发展具有深刻的现实意义。

一、初次吸毒与反复吸毒及其原因

所谓初次吸毒,顾名思义,就是首次接触并使用毒品;所谓反复吸毒,是指吸毒者在完成戒毒治疗以后,由于种种原因重新开始滥用毒品的行为。

戒毒是禁毒工作的重要环节。要开展对戒毒人员的管教工作,分析和了解病人初次吸毒与反复吸毒的原因是很重要的。所谓"心病还需心药医",我们只有通过解开病人的心结,才能真正给他们以帮助。同时,吸食毒品成瘾的原因是综合的、复杂的,它涉及生物学、心理学、医学、社会、犯罪学等广泛的领域,其成因是社会、心理和生理等因素相互作用的结果,归结起来主要有:

（一）社会因素

1.不良社区环境的影响

社区环境也叫生活小环境,是指特定的社会成员所生活和居住的地区、如某一街道、某一胡同,某一地段的社会生活环境。任何一个社会成员都在一定的社区环境中生活,社区环境的好坏,对每一个人特别是青少年都有一定的影响。是吸毒者染上毒瘾的重要原因之一。

2.不良交际环境的影响

交际环境是指人与人之间往来应酬的环境。交际环境的好坏,对每一个人都会产生直接的影响。在现实生活中,吸毒者往往是过早地进入社会,并进入不良交际环境、沾染恶习。有相当一部分吸毒人员具有这种早期经历,他们在吸毒之前往往过早辍学或中止学业,无所事事,游手好闲,结识了一些不务正业的人群。并不同程度地染上各种恶习,好逸恶劳、追求享乐、追赶时髦,进一步形成了扭曲的人生观、价值观和生活方式。不良交际环境的影响,是青少年染上毒瘾最直接的原因。

3.不良家庭的影响

家庭是社会的细胞，每个人都在一定的家庭中生活，良好的家庭环境使青少年的身心得以健康发展，而不良的家庭环境则往往是一个人走上人生另一面的重要原因。主要表现：一是父母无限制地满足子女的欲求。一些家长过分宠爱自己的孩子，想尽一切办法满足子女的要求，对一些不良要求和欲望不加以制止，听之任之，甚至加以庇护。二是家庭教育方法不当。有些家长教育子女简单粗暴，使孩子感到家庭没有温暖，因而产生苦闷心理和烦恼情绪等，为了消除烦恼、求得解脱，如有引诱，便会吸毒成瘾。三是家庭成员吸毒行为的感染。因家庭内部成员有人吸毒，对家庭其他成员，特别对青少年带来潜移默化的影响，这种影响是非常直接和有效的。

4.吸、贩毒人员的引诱、教唆

一些吸毒人员，尤其是毒贩子因牟取暴利的需要，极力引诱、哄骗和教唆他人吸食毒品。他们采取的主要手段是：吹嘘毒品的好处，哄骗吸毒者上钩；不惜"血本"，向他人无偿提供、赠送毒品诱人上钩，只要被引诱者成了瘾，主动要吸或不得不吸时，他们便以高于原价几倍的价钱向吸食者出售，以几十倍、几百倍的疯狂来榨取钱财。

（二）个体因素

人是一切行为的主体，个体的人是由心理和生理两部分组成的，二者是人行为的准备过程。吸毒作为一种偏离行为是由人们生理病变和反常心理活动引起的。

1.好奇心理、追求时尚、追求刺激

出于好奇心，追求刺激或解脱而吸毒。在众多吸毒者中，有相当一部分人尤其是青少年吸毒原因是追求刺激，这种追求刺激的心理实际上也是出于一种好奇心理。一旦一个社会上出现了新的风尚、新的生活内容时，他们就极易去效仿和体验，而对吸毒者来说，毒品成为他们寻求刺激的客体，在这种难以言表的刺激中，他们能够忘掉心中所有的烦恼，正是基于这种追求，置危险于不顾去吸食毒品。更有的是贩毒者利用其好奇心理，诱使他们去吸食毒品。

2.悲观的人生价值观

吸毒者追求解脱的心理往往始于一种对社会的对周围环境或对自己的生活和工作所产生的不满足感、不幸福感和失落感。爱情的不顺、婚姻的不美满、事业的失败、家庭的破裂等一系列的原因给他们的心灵造成了严重的创伤，使得他们对生活很悲观、绝望。为了寻求解脱与自我的安慰，他们当中的有些人便选择了吸食毒品。

3.人格因素

成瘾者特别是年轻的吸毒者成瘾前的经历，大多都有某些品行障碍，如逃学、偷窃、斗殴和少年犯罪等。他们的成绩差，情绪不稳，与社会格格不入，常无法适应正常的社会生活，因此，稍加引诱便会步入吸毒的怪圈中。

当然，造成吸毒的原因还有很多，如精神病理原因、逆反心理、禁毒宣传不足、社会管制不力等。调查显示，好奇心和被人引诱等是引起初次吸毒的主要原因。而迁延性戒断症状、吸毒引起的肌体并发症及长时间存在的心瘾等是造成复吸的重要原因。

二、戒毒人员的主要特点

吸毒者被收治到强制隔离戒毒所而成为戒毒者后，所存在的一些主要特点应当成为民警日常管理教育工作中确立管教工作思路、决定管教工作措施的依据之一。

（一）生理方面

首先，吸毒者摆脱毒品开始戒毒治疗后，毒品对机体的影响并未完全消除，这期间，大多数人会出现不同程度的睡眠障碍、情绪波动等慢性稽延性戒断症状。这类症状对于有过吸毒和戒毒体验的人来说，往往会启发性地促使他们联想到毒品，在出现这些症状时，往往会产生"再吸一口"毒品的冲动，并为此而出现焦虑不安、心神不定等表现。其次，戒毒人员的躯体发病率明显较正常人群为高。他们常伴有某种躯体疾病和易患其他疾病。这本属正常现象，但问题的关键是绝大多数戒毒人员一方面会将这些疾病的症状"自然地"混为戒断症状；另一方面在他们的感觉与经验中，毒品是解决这些疾病和症状的"灵丹妙药"。

（二）行为方面

由于长期使用毒品，吸毒者日常行为偏离了正常范围，无论是说话、做事都紧紧围绕着毒品。同时，吸毒人员惯于说谎、欺骗直至犯罪，毫无信义可言，并且这些行为是不可能在短期内得到改变的，成为戒毒者之后，总是自觉和不自觉地故技重演，使人们对戒毒者的信任感难以产生，成为存在戒毒者与正常人和社会之间的一道屏障。因此，入住强制隔离戒毒所成为戒毒人员之后，他们面临着行为矫正和行为改变的长期和艰难过程。

（三）心瘾方面

由于毒品特殊"奖赏作用"的影响，戒毒者是不可能忘记过去使用毒品时的那种体验的。长期存在的心理上对毒品的渴求感和需求，也曾经是戒毒者应付内心及外界压力的习惯方式。

（四）家庭方面

由于长期使用毒品，往往会使戒毒人员与家庭成员之间处于一种紧张、对立、相互不信任和不接纳的恶化状态，相互间缺乏正常地沟通与交流，不是父母受骗就是子女逆反。

（五）职业方面

因为曾经长期使用毒品，使戒毒人员的职业功能受到明显的损害，而职业功能是不可能在短期内得到恢复的，并且有的戒毒人员本来就缺乏职业技能。

（六）社会方面

由于长期吸毒，他们失去了正常的朋友，只能与一些吸毒的朋友朝夕相处，他们每天谈的是毒品、用的是毒品，有着共同的语言、共同的行为和生活模式。成为戒毒人员后，面对新的生活模式和生活要求，他们难以适应和投入。因此仍然会想方设法与过去一些毒友联系。

第二节 针对吸毒成因的管教方法与艺术

就浙江省来说，开展对戒毒人员的管理教育工作已经有了"三期四段"模式，根据《禁毒法》和《戒毒条例》的要求，浙江省司法行政系统已经相继出台了《强制隔离戒毒创新管理与吸毒人员矫治指导手册》、《浙江省强制隔离戒毒工作执法指南》等，因此，面上的管理教育工作已经有严格、细化的制度规定，在此不再赘述，本章从吸毒的原因出发，综合戒毒人员的特征表现，既强调共性，又突出特色，以此作为提高管理教育实效的主要举措。

一、管教需要立足的两个基点

（一）要确保场所秩序良好、安全稳定

只有在保证场所良好秩序、安全稳定的前提下，场所的管理教育等各项活动才能正常开展，教育矫治质量才可能得到提高。

（二）发挥管理教育工作的矫正作用，切实提高教育矫治质量

强制隔离戒毒所对强制隔离戒毒人员实施管理教育的过程既包括良好的行为习惯养成，又包括心理歪曲矫治，既包括毒品本身的戒断，又包括对毒品心理依赖的阻断。整个过程紧紧围绕实现"戒毒"这个中心去进行，以切实提高教育矫治质量，维护场所安全稳定和社会和谐为目的。

二、管教的几个共性环节

我们在进行管理教育戒毒人员的工作中，基于场所安全稳定工作的需要，以及场所职能的实际等，充分考虑场所管理教育戒毒人员的目标，做好几个共性管理教育的环节是必不可少的。

（1）强制隔离戒毒人员的出入所管理教育。如收容管理、分类分级分期管理、解除强制隔离戒毒管理。

（2）强制隔离戒毒场所的安全管理教育。具体内容主要是防范戒毒人员逃离强制隔离戒毒场所、毒品流入场所、所内违法犯罪、重大安全生产事故、非正常死亡事件等"五防"工作。

（3）强制隔离戒毒生产习艺管理教育。这项管理工作的主要任务是通过组织生产劳动，实现习艺与职业技能的培养。

（4）强制隔离戒毒矫治管理教育。主要是指常规教育工作和心理治疗、咨询、辅导等矫正工作。

三、管教措施的个性化

我们在实际工作中要针对戒毒人员各个阶段，将不同的吸毒成因、不同的表现特征戒毒人员分门别类，使管理教育工作的内容、方式等有所侧重。

（一）阶段性管理教育中的管理教育侧重点

对戒毒人员的管理教育分生理脱毒期、身心康复期、戒毒巩固期三期，与此相对应的是入所阶段、常规阶段、出所阶段管理教育。

第一阶段：入所阶段

生理脱毒期的管教工作发生在戒毒人员入住强制隔离戒毒所初始阶段，按照强制隔离戒毒所的管理模式，也称之为入所阶段，这是戒毒人员戒毒生活的开端，戒毒人员在强制隔离戒毒所能不能安心戒毒矫治，积极主动地接受管理教育，很大程度上取决于入所阶段管理教育效果如何。而在这期间的戒毒人员除了普遍存在的心理依赖外，还有：初次吸毒的戒毒人员主要是心理处于极度烦躁、空虚状态，加之对新的环境，新的要求的种种不适，行为表现主要是情绪起伏频繁、有一定的戒断症状、处事心神不定等。有戒毒经历的人员主要是身体较为虚弱、戒断症状表现得比较明显、少数人想方设法回避学习、劳动、身体并发症出现等。对此，管理教育工作必须敏锐地抓住戒毒人员身上存在的这些问题，开展好针对性的管理教育工作。

1.突出强制性,体现保护性

根据现实表现,民警要掌控每一名戒毒人员具体的入所阶段时限。由于入所阶段的戒毒人员情况复杂,思想波动大,为确保其安心接受戒毒治疗,免受毒品侵害,要严格限制活动区域,着重体现定置式、军事化管理及执法行为的强制性和管理上的封闭性。

2.体现治疗性,促进适应性

(1)医护干预。建立健康档案、对少数尚未脱毒人员开展生理脱毒治疗、治疗稽延症状和支持性护理以及身体并发症的治疗。

(2)场所适应教育。断瘾不适合处理、自信心和希望感塑造、适应新环境生活主题教育和强制隔离戒毒人员日常行为规范训练。

(3)认知治疗。通过体能与康复训练让戒毒人员适应强制隔离戒毒场所的环境和生活要求,安心接受强制隔离戒毒,树立讲养成、习规矩、守纪律的意识。

3.以侧重性形成针对性

(1)以促进角色转换为主要目标:帮助吸毒人员成为戒毒人员的角色转换是入所阶段教育工作的重点任务,通过宣讲《禁毒法》、《戒毒条例》等,使戒毒人员明确强制隔离戒毒不同于社区戒毒,具有强制性、处罚性等特点,不论自己喜欢不喜欢,愿意不愿意,都必须无条件地接受。同时,全力抓好强制隔离戒毒场所所规队纪的宣传教育工作,用严明的纪律规范他们的言行,使他们的身心尽快投入到强制隔离戒毒生活中去。

(2)展开认知教育的侧重点:以宣传吸食毒品的危害性为侧重内容。让戒毒人员知晓毒在何处,危害在何处,并邀请专业人士开办毒品专题讲座,讲解毒品的种类、特性和它对人体各个系统的影响,使戒毒人员认识到吸毒所支付的不止是金钱,还有无价的生命,不仅对家庭的幸福和健康造成破坏,而且害己又害他,害国又害家。

(3)两类戒毒人员的管理教育:对于初次吸毒人员侧重于促进稳定情绪,安心戒毒矫治为重点,对于多次戒毒人员侧重于遵纪守规、养成管理与教育。

第二阶段:常规阶段

身体康复期是戒毒人员接受强制隔离戒毒所管理教育的中期阶段,也称常规阶段,是戒毒治疗工作的关键阶段,目标是帮助戒毒人员医治吸毒带来的身心创伤。此阶段的戒毒人员生理上对毒品的渴求基本消失,心理上对毒品的依赖却仍然很强,一些错误的人生观、价值观等仍在支配着他们的言行,心理、行为有待进一步矫正。本期管理教育时间跨度长,工作难度大,要求标准高,需要我们认真分析,统筹兼顾,搞好针对性的管理教育工作。

1.强化认知教育,激发动机

戒毒人员是否具有纯正的戒毒动机和充分的戒毒决心是能否成功戒毒的关键。而认知教育是促成戒毒人员激发戒毒动机和决心的主要因素。本章认为,在戒毒康复阶段应继续将加强对戒毒人员认知教育作为重点管教内容。主要是:

(1)以信条警示作为营造戒毒氛围主内容。用"吸食毒品,害人害己"、"莫沾毒品,莫交毒友"、"吸毒是自残自杀,戒毒是唯一出路"、"我要戒毒、成功戒毒"等警示语言以上墙标语、课堂教授、自我宣誓等形式深入到戒毒人员的各生活领域,目的是使他们深刻认识毒品的危害性,以坚定信心、坚决戒毒,达到"听到毒品就害怕,想起毒品就可怕,忆起吸毒就后怕,坚决戒除就不怕"的警示和震慑教育效果。

(2)启发戒毒人员正视自己的困难和心瘾。当自己的思想发生动摇,心瘾发作,难以控制思想行为时，要主动寻求亲属、益友、单位和公安机关的帮助，从危险境地脱身。

（3）思想认知的强化。引导学会用全面、科学、正确的眼光看世界，看生活；以案讲法，使他们真正明白守法与违法的界限。

（4）戒毒观念的矫正。针对"吸毒成瘾是一种顽固的反复发作的脑部疾病"，"一日吸毒，十年戒毒，终生想毒"的问题，对戒毒人员做好持之以恒的戒毒观念矫正教育，真正铲除植根于他们心灵深处的"毒难戒"、"戒不了"的瘾念。

2.确立目标，有的放矢

管理教育戒毒人员是一门科学性很强的工作，而科学性来自于真实性，只有目标准确，工作才能产生实效。

（1）对症下药，因人施教。认真分析每个人的吸毒原因，准确掌握个体吸毒史，全面了解他们的成瘾情况、身体状况、心理状态、社会背景、家庭状况等都有助于我们转变他们的思想、心理及行为，达到事半功倍的目的。比如对待由于好奇、追求时尚等而吸毒的戒毒人员，就要加强对毒品危害性认识教育及人生观、世界观教育；对待成瘾严重、个性散漫、社会背景、家庭环境不太好等情况的戒毒人员就要在加强人文关怀、个性化教育的同时，进一步加强纪律管理等。

（2）科学管理，突出重点。①建立科学的奖惩机制。诊断评估这一杠杆的作用是主要的，但还要建立精神上、物资上的考核激励机制，才能调动戒毒人员的积极性。比如按其现实表现实行细化、量化考核，对戒毒人员进行矫治效果评估，强调戒毒人员必须经过自己的努力，配合矫治，才能顺利地获得奖励。这将有效地激发戒毒人员自觉接受管理教育矫治。②有效处置"三种"情况出现：A.吸毒亚文化的影响。如在戒毒人员中传播的"是人戒不掉，戒掉不是人"、"少吃是补，多吃才是祸"、"一时吸毒，终生戒毒"等，对戒毒人员有很强的心理负面影响。B.消除所内恶劣现象。如讲地域、讲关系、拉帮结伙、饮酒赌博、"所王所霸"等现象。C.家庭变故。在戒毒人员家中所发生的某些能强烈刺激或左右其安心戒毒的情况，如离婚、妻子离家出走、亲人逝世等。③强化三个方面的工作。有效处置所内外与戒毒人员戒毒密切相关的信息；提高预警信息质量；民警直接管理三大现场。

（3）医疗介入、多策并举。戒毒管理教育工作是一项复杂的工作，以下几项工作不可忽视：①积极推进医疗介入，加强疾病治疗，预防各种疾病的传播，对增强戒毒人员的身体素质、增强戒毒信心、降低复吸率具有非常重大的意义。②积极搭建社会帮教的平台。吸纳多方参与的社会帮教工作，加大社会帮教对戒毒工作有重要作用的宣传力度，争取社会各界的广泛支持，重点做好戒毒人员亲属的工作，提高他们对社会帮教工作的认识。③加强文化建设。通过健康向上的文化娱乐活动充实戒毒人员空虚的心灵，提升戒治文化载体的品位，抵制吸毒文化的负面影响；争取让丰富多彩的文化娱乐活动占据戒毒人员更多的闲暇时间，从而避免由于空虚无聊而诱发吸毒念头或赌博、打架、寻衅滋事等不利于所内秩序稳定和戒毒人员矫治工作的事端。④积极开展心理咨询、辅导、治疗。用心理学的理论对吸毒行为进行分析，得出相应的心理障碍的诊断，对戒毒人员具体诊断给予常态化、机制化的心理辅导和心理治疗等。

第三阶段：出所阶段

这个阶段，戒毒人员生理上对毒品的依赖已彻底根除，心理上对毒品的依赖已逐渐减弱，憎毒厌毒情绪越来越浓，戒毒信心已基本树立。这就要求我们采取更为切实可行的具体

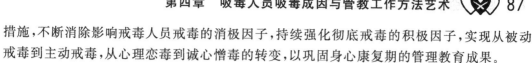

措施,不断消除影响戒毒人员戒毒的消极因子,持续强化彻底戒毒的积极因子,实现从被动戒毒到主动戒毒,从心理恋毒到诚心憎毒的转变,以巩固身心康复期的管理教育成果。

1.促使自我管理

(1)促使学会自我调节。促使戒毒人员掌握一定的自我戒毒技能,并能使用一些心理矫治技能自我调节。

(2)促使建立良好的生活行为方式。帮助戒毒人员树立正确的生活观念,增强对社会、家庭的责任意识和承受挫折的能力;学会学习和做事外,学会做人,掌握与人共处、交流、合作的知识和技能,通过沟通和互动,让戒毒人员相互交流戒毒经验和脱毒历程,从而帮助提高对毒品的抵御力和控制力。

(3)促使戒毒人员学会生存。通过对戒毒人员进行就业前"生存训练"教育和"回归就业"指导工作,培养戒毒人员在未来生活中生存并获得成果所需的综合素质和能力,以适应和改造自己日后所会遇到的生存环境,并通过就业形势和政策、择业技能教育和回归前心理辅导等,帮助戒毒人员选择适合自己身心特点的发展道路。

2.强化外向、互动型管理教育

①邀请那些解除强制隔离戒毒后保持操守时间较长的戒毒人员回所对戒毒学员、戒毒成功人士进行现身说法,树立戒毒典范,以榜样坚定信心,并将戒毒人员在所内的良好表现和戒毒成功事例反馈给家属和社会,唤起家属和社会的信心和支持。②通过放假、参加社会公益劳动、所内试工、试农、所外执行等形式,使戒毒人员有条件地接触社会,增强适应社会能力和回归社会后自我控制力,强化戒毒教育矫治效果。③延伸性的社会帮教,与戒毒人员所在单位、地方公安机关、社区及其家属进行联合帮教,建立社会帮教联系卡,通过回访、家属咨询、单位调查,互访座谈,进行联合帮教,巩固戒毒成果。

3.注重后续照管

戒毒管理教育工作和系统性、综合性要求我们必须向社会延伸,积极利用社会力量进行综合治理,是场所戒毒工作与社会衔接,提高戒毒效果,破解复吸率高的重大举措。主要注重以下几点工作:①建立所内所外的有机、互动联系机制。戒毒人员回归社会之后,强制隔离戒毒所与社会相关单位建立起监督、扶持的帮教机制系统,给戒毒人员予以后续照管,以便对戒毒人员提供心理,专业或职业辅导以及其他方面的支持和帮助,使他们能作为一个正常人适应并融于正常的社会生活之中。②充分发挥几个优势。A.戒毒人员对民警情感深厚和信任和依赖度高的优势。B.民警对戒毒人员的整体特征和所内表现、家庭情况全面了解和矫治工作经验丰富的优势。C.民警和社区禁毒帮教工作的力量融合一体、管理教育力量积极壮大的优势。③民警的成长要求。民警必须努力接受和主动参与的业务学习培训,努力提高管理教育能力,培植较高亲和力和威慑力的双重人格特征。

第五章　吸毒人员心理特征与管教工作方法艺术

第一节　吸毒人员心理特征概述

吸毒人员多有明显的人格问题。研究表明,某些个性特征与吸毒有关,如反社会性、情绪调节能力差、易冲动、缺乏有效防御机制和应付机能、追求新奇、即刻满足心理、易受挫折等。具有这些人格特点的人更容易吸毒。吸毒人员群体在吸毒前、成瘾后、戒毒时、复吸后以及强制隔离戒毒期间等不同阶段有不同的心理特征。

一、吸毒前的个性特点

(一)追求新奇的个性

研究表明,具有追求新奇个性者容易滥用酒精、大麻和兴奋剂药物。追求新奇即喜欢多样性、新奇性、复杂性的感觉和体验,为了达到新奇的体验或感觉,甘愿冒危险去尝试某些行为。这类人喜欢从事冒险活动、远离传统生活、摆脱社会约束和避免生活单调。主要有以下几种类型:好奇型,为追求吸毒后异样的心理体验;时尚型,为体现个体在群体中的优越感;挫折型,通过吸食毒品来获得暂时的精神逃避。

(二)情绪特征

人们的情绪是从愉快、轻松等正性情绪到焦虑、紧张、抑郁、烦躁、无聊等负性情绪的连续谱。研究表明,许多吸毒人员存在抑郁、焦虑情绪问题和其他神经症状,可能需要药物来缓解他们的负性情绪。而对于处于良好情绪状态的人来说,使用毒品的可能性就比较小。

(三)活动性特征

活动性气质是从低活动性到高活动性的一个连续谱。具有高活动性个性的人往往闲不住,比较活跃,喜欢运动,常到处走动,难以安静下来。最佳唤醒理论认为,多动是由长期的低唤醒状态引起的,为了达到最佳的唤醒水平,倾向于寻求新的刺激,更可能使用药物。

二、吸毒成瘾后的心理特征

(一)感觉方面

阿片类药物是麻醉性镇痛剂,具有降低中枢痛觉阈值、使用者感觉减退的药理作用,长期滥用会痛觉迟钝,对各种躯体感觉不敏感,进而延误药物滥用期间出现的各种躯体疾病的诊断与治疗,戒毒后会出现因毒品麻醉作用而掩盖的各种躯体疾病症状如牙痛、头痛等,这些症状会影响戒毒治疗的效果。

（二）认知与思维方面

吸毒者大多文化程度偏低，认知片面直观，狭隘易变，受暗示性强，在社会实践中形成的偏激认识往往以一种逆反思维表现出来。药物依赖后思维内容贫乏，夸大吹牛，偏执多疑，对吸毒问题存在许多错误的认知，举例如下：

（1）我想试验一下自己的控制能力，我去看看以前的朋友，保证不吸。

（2）以前的戒毒一点作用都没有，我觉得自己没有什么希望。

（3）在这个世界上如果不用毒品就没有什么让人愉快的事情了。

（4）戒毒很轻松，再吸也无所谓。

（5）我已经摆脱心瘾了，偶尔去追求一次快感并没有什么危险。

（6）我想奖励自己一次。

（7）我只是想忘记烦恼。

（三）情绪方面

主要表现在暴躁、脾气大、易激动、情绪波动大，同时又悲观、自卑、抑郁、焦虑、空虚无聊。情绪具有明显的两极性，受毒品的影响很大，即当天从人愿，获得毒品时，他们表现得温和顺从；当吸毒的需求得不到满足时，则表现得冷漠无情、六亲不认，甚至为毒资伤害自己的亲人。吸毒后情绪相对正常与平稳，而戒毒后情绪波动大，心境恶劣，即情绪低落，不愿意说话，不愿意搭理人，整天无精打采，疲乏困倦，对任何事都没有兴趣，除了渴求使用毒品。

（四）意志方面

一方面表现为与毒品相关的意志活动增强，对毒品的追求不惜代价，费尽心机，不择手段；而另一方面，对生活、学习、工作表现出意志减退，自控力极差，生活放纵，好逸恶劳，不能遵纪守法，除毒品外对其他事物都不敢兴趣。他们缺乏对生活目标的坚定追求，缺乏实现正确目标的坚韧毅力，对自己情感和行为的自制力差，这直接表现在对戒毒的信心不足，导致戒毒半途而废。

（五）人格方面

吸毒者在吸毒前多存在一些人格问题，如反社会、偏执、自恋、易冲动等。吸毒成瘾以后，人格问题更加明显，主要表现为：无耐心，希望愿望立即获得满足；容易冲动，不考虑行动后果；决策能力差，但外表有非常自傲，"要面子"，喜欢炫耀自己，自卑感强烈而隐蔽；逆反心理强，反社会倾向明显，为了毒品，不惜采用盗窃、抢劫、杀人等犯罪手段；无责任心，对自己的不良行为与错误通常找借口解脱或推卸责任；自暴自弃，不思进取，多半有人格障碍。

（六）行为方面

吸毒成瘾后一切行为以毒品为中心，行为的目的就是获得毒品和吸毒。为了吸毒放弃正常的家庭生活、工作与社交活动，行为孤僻、不与外界接触，不与正常人交往，所交往的对象不是吸毒者就是贩毒者，生活圈子非常狭窄，缺乏对孩子、配偶、父母的关心与照顾，亲情淡漠，为了获得毒品不惜撒谎、欺骗他人，甚至违法犯罪。另外，吸毒者还存在不洁注射与不安全性行为，导致 HIV/AIDS 及其他传染疾病的传播。

三、戒毒时的心理状态

（一）矛盾心理

吸毒人员在被强制隔离戒毒前多有戒毒经历。在戒毒期间的心理活动最复杂多变，具有强烈的心理矛盾和冲突。如决心戒毒与想吸毒的矛盾；自尊与自卑的矛盾；理想与现实的矛盾；情感与理智的矛盾；知与行的矛盾；需求与满足的矛盾等。这些矛盾心理在吸毒人员中是非常普遍的，一方面，吸毒造成了生理、心理、家庭和社会的许多不良后果，吸毒者也非常想戒除毒品，重新过上正常人的生活；而另一方面，戒毒过程非常痛苦，心理渴求严重，要面对来自个人、家庭、社会的诸多压力，因难以忍受这些痛苦、缺乏面对这些压力的方法与勇气而想方设法逃避而去吸毒。他们既有想戒断毒瘾、对前途充满信心的期待心理，也有害怕失败、担心受挫折的畏惧心理；既向往健康生活，又不愿放弃原有的放纵生活的患得患失；既有戒除毒瘾、建立自信赢得自尊的成功心理，也有来之内心深处的自卑心理。有的吸毒者信誓旦旦来戒毒，但住院后很快又想出院吸毒，一旦出去吸毒后又马上后悔了，又想去住院戒毒，就这样来回往返于戒毒所内外。

（二）情绪波动、不稳定

戒毒者时刻处于矛盾状态，情绪波动大，易激惹，稍不如意就发脾气，焦虑不安。吸毒人员的情绪状态受其躯体症状、心理渴求程度、心理需求、认知状态、外在支持等因素的影响。如果戒毒工作民警有耐心，对其表现出关心、理解、尊重与支持，有助于戒毒者在戒毒期间的情绪稳定，坚持戒毒治疗；反之，则会影响到戒毒者的情绪而导致戒毒失败。

（三）行为方面

戒毒期间因吸毒人员对戒毒存在矛盾心理，情绪不稳定，会影响其外在行为表现。如对戒毒民警不满，对他人不满，对现状不满，对家庭成员不满，提各种无理要求，得不到满足则大发脾气甚至出现冲动、攻击、伤人行为，找各种理由停止戒毒，擅自逃离医院。戒断症状严重的吸毒人员可能出现自伤、自残，甚至消极自杀行为。

戒毒者复吸后的心理表现与复吸的时间、心理干预、家庭社会支持等有关。戒毒者复吸后一般会出现以下心理反应：认为自己意志薄弱，戒毒的努力全都前功尽弃了，自己是一个戒毒失败者，认为毒品是戒不掉的，对戒毒丧失了信心和动机，放弃再做努力，失去了基本的自尊和自信。面对戒毒不抱希望，于是便继续吸毒直至再次成瘾。

多次复吸者对事物的看法和世界观也会发生一些改变，表现出对一切事物都产生怀疑、不肯定、偏执；对他人及社会缺乏信任，充满不安全感，对挫折过于敏感，情感冷漠，思维贫乏；对伤害他人缺少内疚感，对他人和社会不负责任，丧失了基本的社会道德。

四、吸毒人员在强制隔离戒毒期间的心理状态

（一）心理依赖性顽固

吸毒人员收治入所后，通过一段时间的生理脱毒及康复治疗，其急性戒断症状或稽延性症状会逐渐减轻甚至消失，从而在生理上控制了毒瘾，心理上也获得一定程度上的恢复。但由于毒品所致的欣快感体验深刻，虽然在所内难以获得毒品，但心瘾仍然非常严重。多数吸毒人员承认，在无法获得毒品的环境下，通过吸烟能够在一定程度上满足吸毒的欣快感。心瘾不会因生理脱毒及康复治疗而消失，且长期存在。

（二）压力大，心理变化明显

每个人生活中都会有不顺心的事情，吸毒人员面临来自家庭、单位、社会的压力更多，吸毒时依赖毒品来应对压力，吸毒人员戒毒后因缺乏有效的心理应对能力和技巧，而出现抑郁、焦虑等不良情绪，心理逐渐变为不健康，甚至是心理疾病，是常见的变化过程。主要表现为：一是认知方面具有病理性的消极态度。主观意志色彩浓厚，是非不分，善恶不分，道德沦丧。二是情感方面以悲观、抑郁、焦虑、紧张等负性情绪为主导。三是意志方面。吸毒人员

一方面对获取毒品表现出病态的意志亢奋、坚忍不拔,另一方面在强制隔离戒毒时表现出病理性的意志欠缺、自制力差。四是个性上,脾气暴躁、敏感、多疑、优柔寡断、耐受性差、自信心不足、消极怠惰、适应环境能力差。入所后对新环境的不适应也会导致吸毒人员的紧张与焦虑,不少吸毒人员对民警的管教存在抵触情绪,甚至发生对抗行为。

（三）自卑、情绪低落

吸毒人员因既往吸毒造成经济拮据,无正当职业,无法正常工作,戒毒后非常自卑,自信心不足,回归社会后希望立即得到家人和社会的肯定与信任,倘若感到家庭社会对自己不信任与歧视,会产生严重的挫败感,觉得自己的努力与决心都是没有意义的,仅存的一点自信和自尊会被一扫而光,陷入抑郁与消极的情绪之中,自暴自弃,再次以毒品解除苦闷。许多吸毒人员有多次吸、多次戒的经历,他们也知道毒品的害处,饱尝了吸毒之苦,有着强烈的戒毒愿望,但又想戒戒不掉,心理上非常苦楚和矛盾,情绪上会非常低落。他们对家庭缺乏责任感,情感没有寄托,人生没有目标。大多与家庭成员关系紧张,矛盾尖锐,不能有效沟通,更多的因吸毒妻离子散,甚至无家可归。

（四）孤独、空虚的心理

吸毒者既往依靠毒品来慰藉孤独、空虚的心灵,一旦脱离了毒品,这种负面情绪会占据他们生活中的大部分时间。吸毒人员到强制隔离场所后放弃了原有的生活模式,原有的"毒友"不能再交往了,新的社交圈尚未建立,对今后的何去何从就会开始考虑,心里一片空白。吸毒人员欠缺兴趣爱好,除了"吸毒",其他很少有专长,很少有值得他们关心的人和事,会感到非常孤独无聊。因此戒毒后学习如何应对孤独空虚的心理状态、建立健康的生活方式是戒毒康复的一个重要环节。

（五）内疚自责心理

吸毒人员因吸毒给自己及他人造成了许多伤害,吸毒时毒品控制了自己的生活,整体忙于买毒品、用毒品,无暇考虑自己的行为后果,一旦戒除毒品,会重新考虑个人的前途、家庭、工作等,但面对自己吸毒时所造成的一些破坏性行为及产生的后果,非常后悔,内疚自责,整天沉浸在懊恼悔恨中难以自拔,如不能有效应对,也可能导致戒毒失败。他们怀疑自我、否定自我,在行为习惯上常会产生自责和自我冷漠的方式。吸毒人员从一个正常的人变成吸毒成瘾人员,形成被强制隔离戒毒的处境,内心深处无法摆脱自责,他们常说"无所谓了",这里既包含对自己的绝望,也包含了对自己的冷漠与无情。

（六）对戒毒存在一些错误认知

许多吸毒人员对戒毒过程存在许多错误的认识,如认为戒毒全靠自己的意志,别人是无法帮助自己的;对毒品依赖性的形成认识不足,有侥幸心理,认为"自己已戒毒了,行为也改好了,偶尔吸一口不会上瘾"或"继续与吸毒朋友交往,想证明自己意志坚强,即使看到别人吸毒,自己也能控制住"等。他们内心仍然向往一种放荡的生活,但不想再吸毒,想证明自己是个特例,原有的"毒友"不会影响自己等。上述都是一些错误的认知,会导致戒毒失败。

第二节 惰性心理的管教方法

惰性心理是吸毒人员的厌倦懒惰情绪,包括极端的懒散状态和轻微的犹豫不决。生气、羞怯、嫉妒等都会引起懒惰,使他们无法按照自己的愿望进行活动。

一、惰性心理的主要表现

(一)思想性懒惰

懒惰的吸毒人员常有依赖别人的思想,即自己不愿动脑筋,没有自己独立的意见、观点,人云亦云。这种依赖别人的懒惰心理只会使他们的思维变得越来越迟钝。

(二)行动性懒惰

思想的懒惰必然导致行动上的懒惰。他们明明知道某件事应该做,甚至应该马上做,却迟迟不做,能拖则拖;做事时总是无精打采、懒懒散散、拖拖拉拉;做事不积极、不主动、不勤奋。

(三)情绪性惰性

因外界环境的影响,或因个人非正常心境的影响,或因大脑皮质的兴奋周期处于低潮的影响,或因某些失利或希望破灭等,从而产生惰性心理。情绪性惰性具有短期性的特点,当不利因素过去之后情绪也可以恢复正常,惰性心理也会随之消失。情绪性惰性心理一般表现在矫正成绩比较好的人身上。

(四)习惯性惰性

由于缺乏严格要求,长期懒散敷衍或不良习惯定势影响,进入矫正场所后,一下子难以适应,久而久之便形成了惰性习惯。这种惰性具有顽固性特点,一般表现在家庭富裕,娇生惯养或好说好动不守纪律的吸毒人员身上。

(五)疲劳性惰性

它是在高度紧张休息不够或体力劳动过度之后出现的,这时肌肉组织松弛,器官疲惫,功能减退,精神涣散,思维困乏,整个身心处于松散或半休眠状态,此时生理病菌和惰性病菌会乘虚而入。出现行为敷衍和拖沓,疲于应付,得过且过的状况。

(六)生理性惰性

由于多种原因,有少吸毒人员或因身体有病或因精神异常,造成事实上存在一定困难,从而表现出惰性心理,这种惰性心理具有稳定性的特点,常常表现在迟钝弱智或生病的吸毒人员身上。

二、懒惰心理产生的根源

(一)依赖性强

有些吸毒人员什么事情都要靠他人,没有主见,缺乏独立性。他们在家靠父母,在学校依靠老师,在社会上依靠"狐朋狗友"。这种长期的依赖性导致懒惰心理。

(二)缺乏上进心

上进心是前进的动力。缺乏上进心的吸毒人员做事容易满足,对自己要求不高,得过且过思想严重;做事不求数量,不求质量,不求节奏,常抱着应付态度和"慢慢磨"的不负责任态度。

（三）家庭关系的影响

从客观上说，家长的过分溺爱，也是造成他们懒惰心理的因素。从小过分娇纵，大包大揽，也只会使他们从小养成"衣来伸手、饭来张口"的坏习惯。

（四）缺乏自信心，自我认知能力低下

总认为自己不行，认为困难大于自身的能力。

（五）缺乏坚强意志，自我控制、自我驱策能力弱

戒毒生活中一旦遇到困难，即使是不大的困难，也容易使他们停顿下来。

三、惰性心理的管教方法

（一）树立劳动光荣的观念

懒惰的主要表现是不爱劳动，不爱动手。要从主动干一些力所能及的事情开始做起，不依靠别人，积极参加各种劳动、活动，从而锻炼意志，磨炼耐力，学会一技之长。

（二）寻找榜样

找一个经历类似、做事主动的吸毒人员作为他们的榜样。

（三）厌恶疗法

每当发觉吸毒人员有懒惰的心理或行为时，可以给他们一个小的处罚，经常提醒他们改掉懒惰的习惯。

（四）消除自卑感，增强自信心

在心理上树立自信。可以通过个别谈话的方式，让他们正确认识自己，了解自己的优缺点，使他们认识到，别人能做到的，他们也一定能做到。

（五）克服惰性的过程是曲折的，但克服的结果是令人振奋的

只有在实践中才能使他们克服惰性，走出惰性的困境。实践也能逐渐强化积极性，从而积累起信心。

（六）平时要严格要求

"教不严师之惰"、"严师出高徒"，这是戒毒矫治的真谛。因此，管教民警在平时的学习和生活中，要处处严格要求，对不按时完成任务的吸毒人员要教育其限期改正，不能让他们养成拖拉疲沓的习惯，直到符合要求为止，让其不敢懈怠，使惰性心理无机可乘。

（七）创造良好的环境

在一个纪律严明勤奋进取的集体中，少数懒惰的人也会受到感染变得勤奋起来，俗话说"三勤带一懒，要懒也不懒"，说的就是这个道理。要努力创造一个良好的矫正环境。同时，对身患疾病的吸毒人员，更应该倍加关心爱护，使他们鼓足信心，扬起理想的风帆。

（八）做好心理辅导，开展心理咨询

惰性心理实际上是一种心理不健康的表现，对于已经产生惰性心理的吸毒人员要采取积极措施帮助教育，通过心理健康教育等措施，使他们回到正常的矫正轨道上来。管教民警要本着理解、尊重、真诚、同情等心态，平等地对待他们中的每一个人。通过辅导和咨询，帮助他们调节情绪，沟通心灵，矫正不良行为，走向心理健康。

第三节　反社会心理的管教方法

吸毒人员的反社会心理就是对国家法律制度、思想体系和社会有强烈不满的仇视情绪，是一种以损害国家利益、社会利益、公众利益来满足个人利益的价值取向为核心的心理状态。

一、反社会心理的主要表现

（一）错误的认识

错误的认识，导致错误的社会态度和社会动机，从而形成对社会秩序、社会规范的否定与蔑视的心理状态。

（二）心理情感低层次

不少吸毒人员认为世态炎凉，人情冷漠，导致感情的冷酷；认为人与人之间根本没有真情存在，人间感情冷淡，近乎于冷血动物；有些人表面上看相处得较好，其实只不过是互相利用而已。在观念上，觉得社会是无情的，只看到社会的阴暗面，往往以自己的心理去推测别人，对他人缺乏同情心。

（三）在性格上缺乏对社会、集体和他人的责任感

尤其是对人的看法上，认为"人人都是自私的，人人都戴着假面具"。但另一极端则是封建帮派的腐朽观念在作怪，在气味相投的人际关系中滥施"友情"，把为朋友两肋插刀奉为"英雄行为"。在这种扭曲心态驱动下，形成了近乎病态的心理，疯狂地向社会报复，杀人越货，掠取钱财。在违法犯罪意志的推动下，伤天害理，做出违法犯罪行为。

（四）吸毒人员抗矫治意识突出

他们作为特殊的社会群体，其思想、心理的反社会性是客观存在的，一些吸毒人员的反社会性还相当突出和顽固，不易瓦解和转化。不仅如此，受吸毒人员群体的影响，抗矫治意识还可能愈发强化，这就增大了管教工作的难度。

（五）心理特征和行为特征

心理特征是情绪的暴发性，行为的冲动性，对社会对他人冷酷、仇视，缺乏好感与同情心，缺乏责任感，缺乏羞愧悔改之心，不顾社会道德、法律、准则和一般公认的行为规范，经常发生反社会言行；不能从挫折与惩罚中吸取教训，缺乏焦虑感和罪恶感。行为特征是：

（1）他们是不可靠的人，对朋友无信义，不忠实。

（2）对事情不论大小，都无责任感。

（3）无后悔之心，也无羞耻之感。

（4）有反社会行为但缺乏契合的动机；叙述事实真相时态度随便，即使谎言将被识破也是泰然自若。

（5）判别能力差，常常不能吃一堑长一智。

（6）病态地以自我为中心，自私，心理发育不成熟，没有爱和依恋能力。对他人给予的关心和善意无动于衷。

（7）无真正企图自杀的历史。

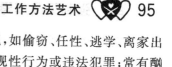

心理学家还发现,反社会心理的人,在童年时期就有所表现,如偷窃、任性、逃学、离家出走、积习不改、流浪和对一切权威的反抗行为;少年时期过早出现性行为或违法犯罪;常有酗酒和破坏公物、不遵守规章制度等不良习惯;成年后工作表现差,常旷工,对家庭不负责任,常违法乱纪;30 岁以后,大约有 30%～40%有缓解或明显的改善。

二、反社会心理产生的主要根源

（一）扭曲的世界观是实施违法行为的精神支柱

反社会心理对吸毒的不良欲求起着定向作用,对吸毒的动机起着促进和加固作用,对吸毒人员的行为起着支配作用。

（二）家庭原因

根据精神病学家和心理学家研究的成果来看,产生反社会型心理的主要原因有:早年丧父丧母或双亲离异、做养子、先天体质异常、恶劣的生活环境和家庭环境,以及中枢神经系统发育不成熟等。一般认为家庭破裂、儿童被父母抛弃和受到忽视、从小缺乏父母亲在生活上和情感上的照顾和爱护,是反社会心理形成和发展的主要社会因素。

（三）被抛弃和歧视

有些吸毒人员有儿时被父母抛弃和受到歧视的经历,包括两种含义:

其一,父母对他们冷淡,情感上疏远,这就使他们不可能发展人与人之间的温顺、热情和亲密无间的关系。随后虽然形式上学习到了社会生活的某些要求,但对他人的情感移入得不到应有的发展。

其二,是指父母的行为或父母对他们的要求缺乏一致性。父母表现得朝三暮四,喜恶、赏罚无定规,使得他们无所适从。由于经常缺乏可效法的榜样,就不可能发展具有明确的自我同一性。他们对坏人和对同伙的引诱缺乏抵抗力,对过错缺乏内疚心等现象,都是由于他人赏罚的不一致性,本人善恶价值的判断自相矛盾所造成的;他们的冲动性和无法自制某些意愿及欲望,都是由于家庭成员或其他社交圈子对于他们的行为无原则、不道德等恶劣榜样造成的。可见,他们的情绪不稳定、不负责任、撒谎欺骗,但又泰然而无动于衷的行为,与家庭、社会环境有重要的关系。

三、反社会心理的管教方法

（一）加强世界观、人生观、价值观、道德观教育

用事实说明政府对绝大多数人民大众是负责的,国家每年投入巨资改善人民群众的物质文化生活是有目共睹的。

（二）实施认知领悟疗法

提高吸毒人员的道德意识和法律意识,使他们明白什么事可以做,什么事不能做,努力增强控制自己行为的能力。同时,还要帮助他们提高认识,了解自己的行为对社会的危害,培养他们的责任感,使他们担负起对家庭、对社会的责任。

（三）真情感化法

由于有些吸毒人员在儿童时期就丧失了真爱,对爱的感觉迟钝,不相信会得到关心爱护与帮助,因此,要使其得到有效矫正,就要使他们比别的矫正对象得到更多的关爱,才能使其心灵复苏。

（四）厌恶疗法

对情节特别恶劣、屡教不改的吸毒人员,可采用行为治疗中的厌恶疗法。当他们出现反

社会行为时,给予强制性的惩罚,使其产生痛苦的体验,实施多次以后,他们会对反社会行为的冲动感到厌恶,全身不舒服,以此减少其反社会的行为。然后根据其行为矫正的实际表现,适度放宽限制,逐步恢复其正常的戒毒矫治生活。

(五)融入集体生活

引导他们多参加健康向上的集体生活,使他们逐步学会适应他人、接纳他人,融入集体生活。

(六)使他们学会谋生的能力

反社会心理的矫正对象一般劳动技能较差,应加强对他们的教育培训,为回归社会奠定良好的生存基础。

第四节　放任心理的管教方法

放任心理是指吸毒人员放弃追求与自我约束,破罐破摔,听之任之的一种消极心态。

一、放任心理的主要表现

(1)满腹怨气,目中无人,这种对抗性行为说明心态已处于一种低潮。

(2)不愿受到纪律约束,为所欲为,感到前途渺茫。

(3)偏于感官的兴趣,想干什么干什么,缺少高尚的兴趣爱好。多为追求新奇与刺激生活的直接兴趣,缺少对未来结果向往的间接兴趣;兴趣的智力水平低且不稳定。

(4)以"看破红尘"自居,认为世间人和事都不可认真,走到哪里是哪里,对人生无目标、无追求、无价值感。

二、放任心理产生的主要根源

(1)对前途感到悲观,找不到前进的目标和方向。

(2)自我控制能力差。不愿或不习惯受到纪律制度的约束。明知这种行为是对自己不利的,但由于习惯定势而难以控制自己的放任习惯。

(3)个人劣根性较强。长期以来自由散漫成性,恶习较深,缺点较多,一时不知从何做起。

(4)有被溺爱的成长经历。长期的娇宠,使他们养成了放荡不羁和肆意妄为的性格特质。在一定时期内,其思维和行为惯性依然起着主导作用。

(5)难以适应严格的矫正环境。

三、放任心理的管教方法

(一)因人施教法

针对吸毒人员的不同个性,以及不同的时间、条件和情境,因人因时因地运用说服教育、榜样示范、道德评价等方法进行正面引导,重在提高他们的认识,使其掌握正确的思想、观点和方法。

(二)严格管理法

管教人员对吸毒人员的放任行为不能听之任之,应注重对他们的行为矫正,使他们感到不受约束的行为是会付出一定代价的,并促使其某些错误行为有所收敛,并逐步减少放任行为,弱化其放任心理。

（三）推理演绎法

运用推理,使其认识到他们这种不受控制与约束的心理会使其受到终生伤害,并演绎出他们老了以后还在其矫正机关度过余年的可怕情境,使其对这种心理产生某种厌恶。

（四）团体熏陶法

用团体的力量与约束,促使其转变。

第五节　冷漠心理的管教方法

冷漠心理是指吸毒人员遭受挫折后,随之产生一种漠不关心与无动于衷的态度。由于吸毒人员对引起挫折的对象无法或无力进行攻击,又找不到合适的替代物来发泄自己的愤怒和不满,并且无法避免现实和改变环境,就只能以冷漠来获得心理平衡。这种冷漠往往含着心理的痛苦和恐惧。这种心理主要是后天获得的。

冷漠心理其实是一种消极的抵抗和反对,它的发生有一个缓慢的过程,基本上是反抗,失败,再反抗,再失败,当心理无法承受过重的打击时,逐步地导致行为异常。

一、冷漠心理的主要表现

常见的吸毒人员冷漠心理有以下两种类型:

（一）趋衰弱型

这类吸毒人员缺乏责任感、同情心,表现为高度的利己主义。自制力差,对人态度粗暴,易发生过激冲动行为;强横无理,无羞耻感,具有敏感的"自尊";警惕他人,不与人沟通;是非观、荣辱观颠倒混淆,蔑视社会公德,对社会持有不同程度的抵触情绪,对管教人员的正面说教反感,客观反映为具有主动攻击破坏性行为,认为整个社会没有爱和公正。这是一种临界违法犯罪心理。

（二）趋衰弱型

这类吸毒人员情绪低落、自卑、压抑、封闭、胆怯、孤僻,缺乏生活的能力;自理能力差,对自己的智力缺乏自信,心情常陷于孤独、迷茫、困惑状态,似乎时刻都面临着巨大的压力,从不主动与人交谈,潜伏着处处丧失自尊的危机;凡事退避三舍,一遇挫折或不顺心的事,就感到极没面子,回避集体生活。

趋衰弱型的吸毒人员普遍的心态是渴望实实在在的精神扶持。他们害怕贬低、警告、恐吓、揭短等任何一种精神虐待。

二、冷漠心理产生的根源

（一）家庭方面的原因

吸毒人员的冷漠心理与家庭的教育有直接关系。一方面由于父母的娇宠,逐渐养成了"一切以我为中心"的心理和要强的性格,希望周围的一切都依附于他,造成人际交往难以沟通,从而产生了隔阂和冷淡。另一方面,有的家长"恨铁不成钢",用尖刻的语言奚落、讽刺、挖苦他们,使他们的心灵受到了伤害。溺爱的副产品只能是冷漠、怨恨。"吼教"和"棍教"也会使他们产生一种暴虐和冷漠心理。

（二）自我封闭的心理

有些吸毒人员认为：我只要管好自己就很不错了，哪有时间和精力去管别人和集体的事？他们从不重视与集体、他人的交往。

（三）严密设防心理

有些吸毒人员"感觉人与人之间的关系太冷漠"，自己索性也冷漠；还有的在人际交往的矛盾和冲突中受不得半点委屈，心理承受能力差，加之年轻气盛，互不相让，产生了疏离感。

三、冷漠心理的管教方法

（一）重视人文教育

忽视人文精神的负面效应是：在人与物的关系上，由于物欲横流，人们重物质轻精神；在人与人关系上，人际冷漠，失去了社会的正义和公平的原则。应该通过人文教育唤起吸毒人员内心的良知、正义感、荣誉感和羞耻心，充分发掘出他们内心世界里的"性善"部分，从而使其自觉主动地约束自己的行为，不断提高道德素养。

（二）要注重情感疏导

"情之所至，金石为开"，使他们感受到政府及管教人员的关爱。

（三）创设良好环境

为吸毒人员创设良好的人际交往环境。要培养他们说话交流的能力，如交流思想、讨论问题、协商事宜等。

（四）进行正确的自我评价

引导吸毒人员对自身的言行进行自我分析、自我评价、自我体验，懂得如何善待自己、善待别人，正确处理个人与社会的关系。

（五）多做公益活动

要让吸毒人员有一颗热情的心，学会关心别人、尊重别人。感觉公益活动的意义，唤醒他们内心热情的一面。

（六）强化爱心行为

吸毒人员在生活中也许会有一些看似微不足道的爱心行为，管教人员要及时地给予鼓励和表扬。在强化爱心行为的同时，遏制冷漠心理的滋生。

第六节　自私心理的管教方法

自私心理是指吸毒人员只顾自己的利益，不顾他人、集体、国家和社会的利益，以自我为中心的一种心理现象。常有自私自利、损人利己、损公肥私等行为和语言表达方式。自私心理是吸毒人员较为普遍的病态心理现象。自私有程度上的不同，轻微的表现为计较个人得失、有私心杂念、不讲公德；严重的则表现为了达到个人目的，诬陷他人，为了个人私利铤而走险。自私之心是万恶之源，贪婪、嫉妒、报复、吝啬、虚荣等病态社会心理从根本上讲都是自私的表现。

一、自私心理的主要表现

自私作为一种病态社会心理，有很强的渗透性。主要有以下表现形式：

（1）不讲公德。公德是指广大公民在社会生活中所应遵循的道德准则。而自私心理严重的吸毒人员却漠然视之，为了自己，不顾他人的感受与利益。

（2）嫉妒他人。自私的人嫉妒心强，心目中只有自己，根本不能容纳别人。如果谁取得了好成绩，他会感到难受，于是想方设法诋毁、诬陷、为难比他强的人。嫉妒心有时会将他们引入疯狂的状态，甚至会导致伤害别人等违法行为。

（3）信奉"人不为己，天诛地灭"、"宁肯我负天下人，不愿天下人负我"、"公家的事小，自己的事大"、"利人者是傻子，利己者是聪明人"的自私信条，并逐渐变成了一种畸形的心态。

（4）只关心自己，对于任何人甚至父母、子女都不关心，根本不顾家人及亲友的现实条件，经常找家里要这要那，达不到个人的要求就发脾气，甚至以死相逼。这种人自绝于一切人际关系，自绝于一切人情，完全丧失了"人的本质"。

（5）遇事总是先考虑个人，很少为别人着想。心胸极为狭隘，事事斤斤计较，处处怕自己吃亏，待人苛刻，总觉得别人对不住自己，表现出极端的自私而导致被孤立、烦恼，没有知心朋友，使他们生活在痛苦之中。

二、自私心理的特点

（一）深层次性

自私是一种近似本能的欲望，处于吸毒人员的心灵深处。吸毒人员有许多需求，如生理的需求、物质的需求、精神的需求、社会的需求等。需求是他们行为的原始推动力，他们的许多行为就是为了满足需求。但是，需求要受到社会规范、道德伦理、法律法令的制约，不顾社会历史条件的要求，一味想满足自己的各种私欲的就是具有自私心理的人。自私之心隐藏在他们的需求结构之中，是深层次的心理活动。

（二）下意识性

正因为自私心理潜藏较深，它的存在与表现便常常不为吸毒人员个人所意识。有自私心理的人并非已经意识到他们在干一些自私的事，相反，他们在侵占别人利益时往往心安理得。

（三）隐秘性

自私行为会引起他人的公愤，但不少吸毒人员已养成习惯，为了逃避舆论谴责和社会惩罚，他们常常口唱高调，故作姿态，或者偷偷摸摸地占别人的便宜，在谎言和假象之中，隐藏其内心自私的本性。自私是一种羞于见人的病态行为，自私之人常常会以各种手段掩饰自己，因而具有隐秘性。

三、自私心理的根源

（一）客观方面

由于各种社会资源的数量、种类、方式在占有和配置方面都存在许多不平衡之处，一些吸毒人员在争取自己利益时还可以用不正当的手段获得，这就强化了他们的自私心理和行为。

（二）主观方面

个人的需求若是脱离社会规范的不合理的需求，人就可能会倾向于自私。自私是一个长期心理强化的过程，有其深刻的社会、家庭、文化、教育和环境等综合原因。

（三）自我敏感性

据有关专家的研究表明：个人的自我敏感性、价值取向与社会行为有着一定的内在联系。所谓社会行为，是指包括助人行为在内的一切有益于社会的个体行为；自我敏感性，是指一个人关心自己的问题，感到需要别人的帮助，以及得到别人的帮助后的心理感受；价值取向，是指在社会化过程中逐渐形成的，相对稳定的评价事物的标准和态度。高度的自我敏感性可以外化为对他人的敏感性，即"人人为我，我为人人"，但也可能成为一种只顾自己的倾向。自私自利之人往往是自我敏感性极高，以自我为中心，对社会、对他人极度依赖与索取，而不具备社会价值取向，对他人与社会缺乏责任感的人。

四、自私心理的管教方法

（一）教育吸毒人员树立正确的人生观

遇事多考虑点别人，少想点自己，不要认为别人活着都是为了自己。要学会宽容别人，谅解别人，不要自以为是，应该宽博仁爱，与人为善。

（二）内省法

这是构造心理学派主张的方法，是指通过内省，即用自我观察的陈述方法来研究自身的心理现象。自私常常是一种下意识的心理倾向，要克服自私心理，就要经常对自己的心态与行为进行自我观察。观察时要有一定的客观标准，就是社会公德与社会规范。而要反省自己的过错，就必须加强学习，更新观念，强化社会价值取向，向毫不利己、专门利人的模范学习，对照榜样与模范找差距。并从自私行为的不良后果中看危害，找问题，总结改正自私的方法。

（三）利他法

多做利他行为，私心很重的人，可以从小事情做起，多做好事，在行为中纠正过去那些不正常的心态，从他人的赞许中得到利他的乐趣，使他们的灵魂得到净化。

（四）回避性训练

这是以心理学上操作性反射原理为基础，以负强化为手段而进行的一种训练方法。通俗地说，凡是做了一件自私的事，就相应给予一定的处罚，使他们从痛觉中意识到自私是不好的，促使他们克服和纠正。

第七节　恐惧心理的管教方法

恐惧心理是指吸毒人员由于受到某种震慑或特殊变化而失去自控能力的心理弱化现象。大多数吸毒人员，刚进入强制隔离戒毒场所时，普遍存在这种恐慌、惧怕的负性心理。

一、恐惧心理的主要表现

（1）情绪紧张，注意力不集中，思维混乱，神思恍惚。特别是与管教人员或其他吸毒人员交流时表现得尤为明显。

（2）手足无措，心跳加快，出冷汗。

（3）失眠，坐卧不安，食之无味，经常做噩梦等。

（4）不愿与他人主动交流，行动上独来独往或仅限于与极个别人交流，感觉被孤立或排斥。但有的也会因为恐惧，显现得异常活跃，到处寻找同乡、同案等以期等到庇护或了解相应经验与对策。

（5）吸毒人员往往对下列情境产生恐惧：

一是对强制隔离戒毒场所的森严环境产生恐惧；

二是对强制隔离戒毒场所严格的规章制度与规范产生恐惧；

三是与其他吸毒人员关系紧张或因其他吸毒人员表现出的不确定性、危险性行为，担心自己受到伤害而产生恐惧；

四是因劳动技能差，生产任务难以完成而产生恐惧；

五是因学习要求严格而其文化程度低而产生恐惧；

六是因给家庭造成重大精神痛苦和物质损害，担心失去家庭的关爱产生恐惧；

七是对未来茫然不知所措而产生恐惧；

八是对疾病的恐惧，特别是长期患病久治不愈，或病已治愈担心复发而产生恐惧；

九是家庭变故引发恐惧，担心亲人遭人欺侮，担心妻子提出离婚，老人无人赡养，小孩无人照顾。

二、恐惧心理产生的根源

1.原来熟悉的情景突然发生意外变化

习惯的情境中已形成适应的直觉模式，有了一定的应对方法，而当情境突然变化后，本已掌握的那些方法就会突然"失效"，对新的情境感到焦虑和不安，从而产生恐惧心理。

2.受他人恐惧情绪的感染

看到或听到别人处于恐惧状态时，即使他们自身处境并无任何引起恐惧的因素也会坐立不安，受到感染，由于无知及消极暗示，其内心也会产生恐惧感。他们想象、放大对自己不利的负面信息，听信矫正机关的偏见或传言，担心会受到非法折磨或惩罚等。

3.后天的经验所致

对自己的违法犯罪感到极度羞愧，担心受到家人或社会的报复或唾弃。由于他们不了解我国矫正机关的工作方针、政策和现实状况，对新的情境不知如何应对。

一般来说，罪行越重，矫正期越长，年龄越大，恐惧心理也就越重。

从某种意义说，懂得恐惧并不完全是一件坏事，恐惧是一种心理上的自我保护，最可怕的是什么都不怕。

严重的恐惧心理可能造成逃脱、自杀、重大案件、精神分裂等严重后果。

三、恐惧心理的管教方法

（1）认识疗法。讲明政策法规和强制隔离戒毒场所的工作程序，使他们对强制隔离戒毒场所有良好的印象和信任感。

（2）沟通互动法。加强与他们的沟通和情感交流，关心帮助和注重对他们的保护，严厉打击牢头狱霸和以强欺弱等违纪行为。

（3）自我评价法。使他们正确认识自己，正确评价自我，增强矫正信心。使他们知道人在不同的环境中生活和成长，有差别不足为奇。正确对待失败和挫折。

（4）人际交流法。注意改善人际关系，积极与人交往，创造良好的社交环境。

（5）目标转移法。多参加集体活动，在活动中转移、宣泄不良情绪。

第八节　悲观心理的管教方法

悲观心理是一种对前途、命运不可知的状态下，产生的一种不愿振作，放弃追求的消极心态，是一种心理上的自我指责。很多吸毒人员对被强制隔离戒毒感到羞耻、悲观，对能否戒除毒瘾及前途失去信心，认为一切都完了。在悲观心理的支配下，他们对强制隔离戒毒工作中的一切活动消极应付，没有积极参与意识。

一、悲观心理的主要表现

(1)平时无精打采，语言平缓无力，长吁短叹，得过且过，不求上进。

(2)看不见自己的长处和优势，常常因缺乏自信和勇气而越来越消极。

(3)在心理定位上对自己常持否定态度，不能接纳自己，使其内心长期处于失衡与迷失状态中，人生体味中只有痛苦的受挫感和失败感。久而久之会产生抑郁、不安、心理失调等心理疾病。

二、悲观心理产生的主要根源

(1)常常以悲观消极的思维看待客观世界，在这类吸毒人员的心中，现实或多或少地被丑化。他们对自己的过去，无论有无辉煌，都一概加以否定，心理上充满自责与痛苦，嘴上有说不完的遗憾。对未来缺乏信心，一片迷茫，以为自己一无是处，什么事都干不好，认知上否定自己的优势与能力，无限放大自己的缺陷。

(2)悲观的心态往往来自于对环境驾驭的挫折感。造成挫折情境的因素多种多样；导致挫折情境的原因轻重、程度各不相同；不同的个体或群体对挫折情境的原因轻重、程度各不相同；不同的个体或群体对挫折情境的反应也有很大的差异，这三者构成了挫折情境的基本运行机制。

三、悲观心理的主要吸毒人群

产生悲观心理的吸毒人员主要有以下几类：

(1)老残病人，认为自己的年龄、身体难以适应矫正环境，担心"活不出去"；

(2)初入所的吸毒人员，对矫正政策、法规不了解；

(3)矫治期长的吸毒人员，认为社会发展变化太快，出所后年龄大了，出去了也成废物；

(4)心胸狭窄、性格偏执的吸毒人员，他们对矫正生活出现严重的不适应；

(5)家庭环境贫穷或家庭困难较大、矛盾较多的吸毒人员。

悲观心理易产生的后果：自杀、自残或脱逃。

四、悲观心理的管教方法

(1)悲观心理的吸毒人员的心理症结就是对前途悲观失望，管教人员要在"希望"上做文章，使他们在希望中得到矫正。

(2)要使他们知道，在现实生活中，每个人都可能遭受这样或那样的打击和挫折。因为打击和挫折而精神萎靡或放弃人生是意志薄弱、心态不成熟的表现，而这些异常的心理、悲观的心态往往会导致痛苦的人生，会影响他们对人生和环境、事物的正确看法。

（3）发现和肯定其优点和成绩，哪怕是微不足道的成绩。适时对他们进行正面肯定或评价，使他们正确地认识自己，正确评价自己，增强其自信心，正确对待失败和挫折。

（4）努力改善他们的人际关系，使他们学会积极与他人交往，创造良好的社交环境。

（5）积极开展文体活动。

（6）进行积极、乐观的心理暗示。要使他们知道：

①态度积极，坚信希望和乐观能引导他们走向既定目标。

②即使处境危难，也要寻找积极因素。不放弃取得微小胜利的努力。使他们了解越乐观，克服困难的勇气也就会倍增。

③既不要被逆境困扰，也不要幻想出现奇迹，要脚踏实地，坚持不懈，全力以赴去实现目标。

④不要把悲观作为保护失望情绪的缓冲器。乐观是希望之花，能赐人以力量。

⑤要努力接近乐观的人，观察他们的行为。通过观察，培养起乐观的态度。

⑥悲观不是天生的。悲观时后天习得的，是长期自我心理的影响和暗示，消极与悲观是孪生兄弟。只要努力，任何人都可以使悲观心理转变成新的乐观态度。

第九节　戒备心理的管教方法

戒备心理是吸毒人员进入强制隔离戒毒场所后所产生的一种警惕、防预、自我保护性心态。一般的戒备心理是正常的，而过分的戒备会滋生敌意、抵触和抗拒等多项负性心理，对今后的矫正起到一定的阻碍作用。

一、戒备心理的主要表现

（1）语言谨慎，行动缓慢，常以试探、搪塞、推诿、少语的形态出现，在民警问话时字斟句酌，用心琢磨，不立即做出反应，试图从中了解和掌握管教人员的真实意图，然后再作出有利于自己的回答。

（2）当问及强制隔离戒毒场所的不正常动向时，不从正面回答，或闪烁其词，或顾左右而言他，在不得不谈的情况下，也是点一说一，不点不说，有的则旁敲侧击，探听虚实，以回报思想为由，以攻为守，向民警进行了解，对强制隔离戒毒场所的一些活动反复权衡，先以不信任为主，以主观想象为主，表现出极强的戒备心理。

（3）戒备心理较重者会对强制隔离戒毒场所的各项政策法规产生怀疑，对民警的帮助、教育不信任，经常从反面看问题，经常无端产生消极情绪，因而矫正动力不足。

（4）他们都有一个认识观察时期，这一时期也是戒毒矫治工作的重要时期。

二、戒备心理产生的主要根源

（1）吸毒人员缺乏对相关政策的了解，不理解或不信任。

（2）与民警缺乏正确的沟通交流，其负面信息占据了思维的主要地位。

（3）对强制隔离戒毒场所环境陌生，精神压力过大，给自己设想出种种不利情景。

三、戒备心理较强的主要对象

一是年龄偏大的；

二是个人能力偏低的；

三是心胸狭窄或心理有疾病的；

四是文化程度较高的。其心理视角一是对管教人员的戒备，以自己的观点来判断管教人员是否公道，是否涉及自己，是否不利于自己；二是对其他戒毒人员的戒备，害怕受到欺骗、欺负、攻击。

四、戒备心理的管教方法

（1）进行政策、法律和形式教育，多用实例对其进行真诚耐心的说服，使他们能真正认识并相信法律的严肃性和公正性，从而消除他们对矫正机关的戒备心理。

（2）要多关心他们的矫正学习、生活。对涉及他们切身利益的政策法规，如表扬、奖励、减刑、减期、假释、保外就医等都应该透明公开，请吸毒人员或他们的亲友、社会名流或舆论进行监督，以消除他们对政策和自身利益的戒备心理。

（3）民警要经常与他们进行沟通交流，用正确的理论和科学的方法去矫正他们，以消除其对管教人员的戒备。

第十节　自卑心理的管教方法

自卑心理是吸毒人员自我鄙视的消极心态。自卑就是轻视自己，自己瞧不起自己。有自卑心理的人，并不一定是其本身具有缺陷和短处，而是不能正视自己，自惭形秽，常将自己放在低人一等的位置，感到自己不如别人，处处受到心理冲击，处于一种自我压抑的迷茫状态，并由此陷入不可自拔的痛苦境地。

一、自卑心理的主要表现

（1）情绪低沉，郁郁寡欢，言语木讷。基本上不愿主动与他人交流，别人与他交流时也大多给予应付，管教人员找其谈话时也谈不出所以然，借痴装傻，甚至还有某些生理症状，如失眠、盗汗、心悸等。

（2）行动迟缓。除了规定的活动外，不愿主动参加其他活动，行动拖拉、懒惰，独来独往。

（3）大脑皮层长期处于抵制状态，抗病能力下降，从而常常出现头痛、乏力、焦虑、反应迟钝、记忆力减退、食欲不振、早生白发等生理反应。

（4）不承认自己不足并意图掩饰，以使他人觉察不出他们的自卑，为此常常有一些夸张的表现，故作炫耀，有时还表现出较强的虚荣心，常常对自己的不足和别人的评价很敏感，这一切都是为了掩饰自卑并由此而获得一种心理补偿。

（5）人生的态度是与世无争。在人际交往中有取悦他人的倾向，这和他们内心自卑和自责心态相关。往往个性胆小，怕事，怯懦，习惯于退缩和忍让。他们的心里往往会相当的痛苦和难受。

（6）生活反映。虽然内心很想与别人攀比，但由于自身心理、生理、环境等条件因素的限制，始终摆脱不了自卑心理的阴影。突出表现在生活上的过度节俭和挥霍。

二、自卑心理产生的主要根源

1.环境因素

吸毒人员进入强制隔离戒毒场所后，由于环境的强制性，管教人员的权威性、吸毒人员的放任性与管理制度的严肃性等作用，加之自身心理的不健全，会使有一定自卑人格倾向的吸毒人员的自卑心理进一步加剧。

2.个体性格因素

常因害怕别人看不起自己而不愿与人来往，缺少知心朋友，甚至内疚、自责、自罪，由此而产生更加的自卑，形成恶性循环；由于缺乏自信心，优柔寡断。有自卑感受的吸毒人员常常害羞、胆怯、不自信，感到焦虑，害怕失败。

3.个体体验

进入一个新的环境，特别是一个强制性的高压环境，表现在凡事谨慎小心，对发生在周围的事保持高度的敏感。时常用自己的思维、观点、经验和方式来观察周围的人和事。他们普遍关心的一是矫正环境对自己的影响；二是管教人员的执法水平和对自己的亲疏程度；三是其他吸毒人员和性格、为人处世态度与自己的关联；四是矫正生活与自己身体健康的适应状况；五是亲友对自己进入矫正场所后的态度。

自卑心理严重的极易出现自杀、精神分裂或放任自流。

三、自卑心理的重点人群

1.年老体弱、多病的吸毒人员

这部分人由于年龄较大或身体有病，其精力、体力等方面都存在一定的缺陷，特别是一些患有慢性病的吸毒人员，与年青体壮的吸毒人员在学习、劳动等方面相比都要略逊一筹，再加之对戒毒场所的环境生疏，有一种油然而生的恐惧感，不知道自己的身体状况能否适应戒毒场所的严格要求，而且这部吸毒人员在戒毒场所属于相对少数，许多观点、生活习惯都被年青吸毒人员所鄙视，因此自卑心理不断加剧，易对前途悲观失望。因此，自杀的几率较高。

2.农村籍的吸毒人员

农村籍的吸毒人员特别是偏远地区的，由于长时间生活在相对封闭的生活空间，与外界交流较少，思维空间不足，有的虽然也外出打工，但也由于意志处于打工人员的最底层，长期受到制约和压抑，也存在一定的自卑心理。这部分人员一般表面上比较老实听话，但一旦受到什么委屈或想不通的事，往往难以排解，容易铤而走险。

3.家庭贫困的吸毒人员

家庭贫困的吸毒人员从小受到家庭生活条件的制约，长期受到家庭、社会环境的压抑、制约，性格处于极度扭曲状态，如果周围环境又产生了较大的反差，自己无力化解，极易产生自卑心理。

4.文化程度较低的吸毒人员

违法犯罪往往与文化或受教育程度相关联，文化程度较低的吸毒人员，在思维方式、处事能力或交友方面都存在一定的缺陷，一般来说，文化程度较低的吸毒人员在戒毒矫治生活中遇到的问题会多一些，受到的挫折与打击也相应地多一些，因此，容易产生自卑心理。

5.有严重心理缺陷的吸毒人员

有很多吸毒人员的自卑心理是长期形成的，从儿童时期就存在一定心理障碍，是一个长期积累的过程。在监禁环境中更加剧这一心理过程。

四、自卑心理的管教方法

1.正确认知法

教育他们学会用积极态度对待自身不足,驱除消极的自我暗示。消极的自我暗示会产生自卑,主要是不能以正确的态度看待自己的某些缺陷与不足。实际上,任何人都有自己的长处与短处,有些短处是先天就存在的,无法改变。但是这些并不可怕,关键是面对短处所采取的态度。任何一件事,既可以成为包袱,又可以成为动力。所以,自身的不足,要采取积极的态度,将某些不足和缺陷转化为动力,这样,消极的自我暗示就会转化为积极的自我暗示。年龄不是问题,身高不是距离,体重不是压力,金钱不是能力,关键看自己努不努力。

2.乐观培养法

培养乐观的生活态度,对于消除他们的自卑心理具有十分重要的意义。要使他们学会适应社会中出现的各种挫折和不幸。乐观的生活态度会抑制他们的自暴自弃心态。乐观的心态会使他们人生的路愈走愈宽。从某种意义上说,帮助他们选择乐观的生活态度是矫正工作的一项重要内容。

3.自我心理安慰法

让他们学会用自我安慰的手段达到心理自救。想到"塞翁失马,焉知非福"。受伤致残时,可以认为:虽然目前比别人痛苦,但与自己相比保住了生命还算是幸运,也许这一次痛苦会使自己获得一次新生。让他们相信自己并不那么差,自我惩罚、自我折磨,很大程度上是由自我认识的偏差引起的。矫正过低的自我评价,通常要与调整不适当的目标期望同时进行。同比自己强的人相比,固然能比出方向,但不一定能比出希望和信心。

4.关心鼓励法

用关心、关怀与表扬的方法来化解其自卑心理。

第十一节 苦闷心理的管教方法

苦闷心理是吸毒人员不能排解自我烦恼,而又不愿向他人倾诉的一种自我压抑心态。心理学家认为,苦闷心理的问题大多出在自己身上,和别人无关。他们往往既为眼前的矫正生活担忧,又为以后的前途和命运犯愁,而且常常自寻烦恼。

一、苦闷心理的主要表现

(1)常表现出孤独、少语、压抑,对事物没有兴趣,产生不愿与人接触交流的无奈感。对矫正生活,大多以消极抱怨的态度对待。

(2)拒绝尝试新事物,缺乏主见和原则。

(3)说话时语音单调,缺乏起伏高低和情感,经常说同一句口头禅,经常背后说别人的坏话。

(4)有取悦他人的倾向,不愿拒绝他人,有时往往不讨好,还弄得他们自己很烦的地步。

(5)得过且过,敷衍身边发生的事。行为懒惰。

（6）什么事都装懂，喜欢在别人面前吹牛和自夸。

长期的心里苦闷容易造成矫正对象的人格障碍或自杀。

二、苦闷心理产生的根源

（1）对事物缺乏清醒的认识与主见。认为自己在成了吸毒人员，今后一切都完了，出去后无法面对家人、亲属、朋友。

（2）将自己处于矛盾之中而无法或不愿摆脱。想早日获得新生，又感到难以付出巨大的压力，缺乏足够的矫正信心。

（3）自我加压，对环境的突然改变无所适从。从原来优越的生活、工作、家庭环境，突然之间成为处处受人管制的人，感到严重不适应。

（4）罪责感强烈，内心充满悔恨之意。

（5）心胸过于狭隘，经常怀疑别人的行为和态度背后的动机。

（6）不会正当地宣泄情绪，将诸多的不满长期压抑在心中。

三、苦闷心理的管教方法

（1）引导法。即引导他们正确认识自己目前所处的环境，面对现实，放弃幻想。学会用积极的心态看问题。

（2）宣泄法。心理咨询人员或管教人员应主动与他们交流，耐心地听取他们的倾诉，帮助他们排解心中的负性情绪。

（3）修养法。教育他们多从正面积极地看问题，培养宽阔胸怀。

（4）集体活动法。引导他们积极参加集体活动。

第十二节　抑郁心理的管教方法

抑郁心理是指忧愁郁闷的消极的心理状态。世界卫生组织将忧郁症、癌症列为 21 世纪重大疾病及卫教预防的重点对象，抑郁症已经成为 21 世纪人类身心健康的主要杀手。抑郁症是因情绪障碍而引起诸多心理、生理现象的情感性、障碍性的精神疾病。

一、抑郁心理的主要表现

（1）兴趣减退。对什么事都提不起精神，觉得没意思，即使是对自己以前很感兴趣的事也失去了兴趣。

（2）对前途悲观失望。感到前途暗淡无光，仿佛生活在黑暗之中。

（3）感到无助。感到孤立无援，觉得自己是个不幸的人。

（4）感到精神疲惫不堪。似乎精力已经耗尽，振作不起来。

（5）自我评价降低。有自我贬低的倾向。觉得自己不如别人过得好，将人生中的失足原因归因于自己，郁郁寡欢，闷闷不乐，精神萎靡。

（6）精力明显减退，有无原因的持续乏力感。

（7）精神运动性迟滞或激越。

（8）自我评价过低，或自责或有内疚感。

(9)失眠、早醒或睡眠过多,食欲不振,体重明显减轻。

(10)反复出现想死、自杀念头。

二、抑郁心理产生的原因

(1)重大变故。一些重大的、突发的生活事件,尤其是负性的生活事件会诱发他们的抑郁,而这种抑郁如果长期得不到解脱就会产生或强化抑郁心理。如亲人突然病故、离婚、被禁闭、处分等。

(2)丧失。包括物质和精神的丧失。如物质、尊严、重要奖励等。

(3)药物因素。药物可引发抑郁情绪,特别是许多镇静剂,都可以在使用期间引发抑郁情绪。另外一些药物,特别是有刺激作用的药物,会在高度兴奋期过后的精神崩溃中引发抑郁情绪。

(4)身体不适或疾病因素。当发现或怀疑患有重大疾病时,会产生抑郁心理。

三、抑郁心理的管教方法

(1)情感寄托,积极倾诉。当他们心情忧郁时,引导他们找一个知心的人,向其倾诉心中的不快、痛楚和郁闷。

(2)通过倾听、理解、疏导、鼓励、保证等方式,使他们产生一定的安全感,树立自信,帮助他们增加或扩大集体活动,增强适应矫正、应付环境的能力。

(3)转移调控。尽可能将他们的注意力转移到一件他们认为感觉愉快的事情上。这有赖于反复的训练。

(4)要求他们帮助比自己还困难的人。

(5)药物治疗。

第十三节　空虚心理的管教方法

空虚心理是指吸毒人员的精神世界一片空白,没有信仰、没有寄托、百无聊赖的精神状态。精神空虚是一种社会病态,它的存在较为普遍。

空虚是一种内心体验。但真正空虚的感觉往往只能意会,无法言传,只有空虚者自己才能真切地体会,他人是难以深入体验的。所以,这类吸毒人员不太容易实现与他人的交流和沟通,如果他们自己不积极努力的话,只会越来越紧地被空虚所包围。

从心理学的角度看,空虚是一种消极情绪。空虚心理较重的吸毒人员,无一例外地对前途失去信心,对生命的意义没有正确认识。他们或是消极失望,以冷漠的态度对待生活,或是毫无朝气,得过且过。为了摆脱空虚,他们经常打架斗殴,无事生非,游戏人生,无谓地消耗着大好时光。

一、空虚心理的主要表现

(1)没有明确的目标追求,缺乏进步的动力。

(2)不考虑今天的生活,也不计划明天和未来,以混为主。

(3)缺乏个人主见,缺乏个人爱好。

二、空虚心理产生的根源

(1)空虚是随时可以产生的。有的刚进入一个新的严格环境,不知道自己今后的生活。

(2)一时不能融入当时的矫正生活,不被其他吸毒人员所接受。

(3)其言行不被他人理解,产生无所依托的感觉。

(4)感到不被信任、不被尊重、不被重视。

(5)有的被沉重的家庭矛盾或负担所束缚;心理承受能力较差。

三、空虚心理的管教方法

(1)确立明确的生活目标。俗话说"治病先治本"。空虚心理的产生主要根源于对生活目标的迷失,所以确立明确的人生目标就成为消除空虚的最有力武器。当然这个过程并不是一蹴而就的,要帮助他们从小目标开始,逐步完成矫正过程中的大目标。他当他们开始向着自己的人生目标努力时,才会树立起对生活的热情。

(2)培养对生活的热情。尽管吸毒人员的生活曲折,但这只是人生的一个阶段,今后的生活应该是美好的。只有让他们坚信生活的美好,才会树立起对生活的热情。

(3)提高心理素质。他们生活在同一戒毒环境中,但由于心理素质不同,有人遇到一点挫折便偃旗息鼓而轻易为空虚所困扰,有人却能面对困难毫不畏缩而始终愉快充实。因此,有意识地加强他们的心理素质的训练,才能够将空虚及时地消灭在萌芽状态而不给它以进一步侵袭的机会。

(4)磨炼意志,正确对待失误与挫折。

(5)多参加有益的娱乐活动。

第十四节　多疑心理的管教方法

多疑心理是指吸毒人员对自己接触的事物常常持过分的怀疑,神经过敏、疑神疑鬼的消极态度。如总怀疑别人设圈套陷害自己,怀疑别人不信任自己,怀疑别人在议论自己,怀疑自己得了某种疾病,怀疑管教人员对自己有不好的看法或故意整自己等。常常为无根据的、不必要的执拗情绪纠缠和烦扰,长久下去,便对什么都怀疑,有的发展成疑病性神经官能症。

具有多疑心理的吸毒人员往往带着固有的成见,通过"想象"把现实生活中发生的无关事件凑在一起,或者无中生有地制造出某些事件来证实自己的成见,于是就将他人无意的行为表现,误解为对自己怀有敌意,没有足够根据就怀疑别人对自己进行欺骗、伤害、暗算、耍弄阴谋诡计,甚至把别人的善意曲解为恶意,以致与人隔阂,在人际交往中自筑鸿沟,严重时还有可能反目成仇。

多疑心理一旦形成,相对就比较顽固,它是导致偏执性人格障碍的温床。但单纯的多疑,即在成为一个人的行为模式前,则通常在误会或有人搬弄口舌的情况下才会发生,而在其他没有诱发情境的时间里,则一般不会产生多疑,完全能像正常人一样心态平静地生活。

一、多疑心理的主要表现

多疑有两种类型:内应多疑和外应多疑。

（1）一旦怀疑某人对自己不好，某件事对自己不利，便耿耿于怀，闷闷不乐，情绪立即反常，不能排解。严重的，好几天都心情郁结，愁云密布，这就是内应多疑。精神病学家曾对这种人做过心理测定，发现他们在犯多疑病的日子里，心跳加快、血压升高，内分泌出现某种混乱，大脑电波有某种异常。他们多数人会患上程度不同的神经衰弱、血管硬化症、高血压症，少数人会发展成精神病。

（2）外应多疑的人怀疑后很快对外界作出反应，特点是针锋相对：如果认为别人讽刺了他，便要反唇相讥；如果觉得别人看不起他，便要以冷淡回答。严重的，如果怀疑自己生命受到威胁，甚至会以杀人"自卫"，因怀疑而打人、骂人，甚至杀人。

（3）缺乏自信心。经常想着的是别人怎样看待自己，有何评价，做事时往往产生诸如别人如何嫉妒我、如何讥讽嘲笑我的想法。做事总是瞻前顾后，犹豫不决。有些吸毒人员在某些方面总感觉不如别人，有自卑心理，因而总以为别人在议论自己，看不起自己，算计自己，如果平时有人不经意地一瞥，他会认为别人正在说自己的坏话；如果平时有人开了一个善意的玩笑，他也会认为是在挖苦、讥笑自己；即使别人相互间的指责，也认为是在指桑骂槐，过分关注别人对自己的评价。

二、多疑心理产生的原因

1. 认知方式的偏差

多疑首先是他们的认知方式出现偏差而导致的。以点盖面、以偏概全、循环论证的认知方式使得他们在认识周围事物时产生知觉、归因等偏差。具有这种认知方式的吸毒人员产生疑点，对信息的摄取范围就会大大缩小。

多疑是一种完全由主观推测而产生的不信任心理，也是一种自我消极的暗示心理。在认识事物的时候，往往自己设定了一个框框，以此来观察事物，按图索骥，按框框取舍所获信息，结果把生活中许多无关的事物联系在一起，甚至无中生有地制造出许多证据，从而使他们的主观臆断得以验证并自圆其说，并陷入难以自拔的恶性循环中。多疑不仅是针对别人，有时也是针对自己，是一种极其不良的心理品质，对他们的学习、生活、人际交往和矫正工作有着很大的破坏作用。

2. 对先前遭遇过的挫折体验过深

多疑心理的产生是挫折引起的一种心理防御。有些吸毒人员以前轻信别人，轻视自己所面对的事物，结果遭受了重大的挫折，并长期保留着对挫折经历的深刻体验，使得他们矫枉过正，从一个极端走向另一个极端，不敢相信任何人和事。

3. 自我封闭

长期的自我封闭，不与外界接触、打交道，使得他们对外部世界感到陌生，在这种情况下，他们在与外界打交道时难免比常人有更多的疑虑、戒心和防备。

4. 家庭原因

有的家庭父母，好多疑敏感，吸毒人员从儿时起就耳濡目染，观察学习获得。

5. 父母溺爱

吸毒人员在家时长期以自我为中心，看不惯别人的言行，认为别人都是和他作对。

6. 消极心理严重

往往看到事物的阴暗一面多，光明一面少，从而产生多疑。

三、多疑心理的管教方法

1.积极暗示法

加强积极的自我暗示。当吸毒人员的疑心越来越重时,要教育他们运用自己理智的力量控制住思维。学会引进正反两个方面的信息,一分为二地看待怀疑对象,并想办法加上一些干扰因素,当条件允许时,可做一些调查,澄清事实真相,清楚不符合实际的遐想与推测。要学会换位思考,站在对方的角度看问题,设身处地地为他人考虑问题,可以避免许多不必要的矛盾和偏见。

2.加强交往增进了解

多疑往往是彼此不够深入了解、树立的有关信心过少形成的。多疑产生后,常常又加剧了彼此的隔阂。应主动地增加接触,最好双方能进行开诚布公的交谈,就会发现造成多疑可能是由于错误信息的传入或是由于一句不经心的玩笑引起的误会,也可能是一些小人搬弄是非造成的。

3.培养自信法

人有所长,亦有所短,要教育他们看到自己的长处,培养自信心,妥善地与他人处理好人际关系。不要"看着别人活,活给别人看",要学会正确认识自己,愉快接纳自己。

4.认知疗法

认识危害,加强修养。要认识到无端猜疑的危害及不良后果。英国哲学家培根说过:"猜疑之心又如蝙蝠,他总是在黑暗中起飞。这种心情是迷陷人的,又是乱人心智的。他能使人陷入迷惘,混淆敌友,从而破坏人的事业。"要教育他们用友善的态度对待他人。不能为一些小事而斤斤计较,无端猜疑。

5.厌恶疗法

使他们学会厌恶猜疑。他猜疑他人时,心里可以不断地反复地默念"他们不会说我坏话","我不该猜疑它","猜疑人是有害的","我讨厌猜疑",等等。这样反复多次地默念,就能克服多疑的毛病。心理学家研究证明,从心理上厌恶它,在观念和行动上也会随心理的变化而放弃它。

6.意见交换法

坦率地、诚恳地把猜疑问题提出来,心平气和地谈一谈,只要以诚相见,襟怀坦白,相信疑团是会解开的。

第十五节 烦躁心理的管教方法

烦躁心理是吸毒人员对漫长强制隔离戒毒期限的恐惧和对戒毒生活的不适应,而显现异常焦虑的精神状态。烦躁心理是吸毒人员存在的较为普遍的心理状态,处理不好容易导致吸毒人员的违规违纪,行为抵触,甚至铤而走险。

一、烦躁心理的主要表现

(1)表现为坐卧不安、食不甘味、易怒,情绪极不稳定。

(2)对日常琐事厌烦,由小事可能引发大的冲突。

(3)凡事看不惯,不顺心。性格呈外向突出状态。

(4)思维处于简单化,不计后果。

(5)放任自流,缺乏自我约束,破罐子破摔。

二、烦躁心理产生的根源

(1)因个人文化或个性修养较差,难以适应严格的矫正生活。

(2)生活中顺境较多,缺乏挫折、坎坷的磨炼。

(3)感受不到来自管教人员或家庭的温暖或家庭与个人存在许多难以解决的实际困难。

(4)与他人关系失衡,人际关系处理不好。

三、烦躁心理的管教方法

1.交流沟通法

民警要与之沟通,多关心他们的进步和解决他们的实际困难,使他们感受到重视与温暖。

2.宣泄释放法

引导他们多参加健康娱乐或集体活动,特别是体育竞技活动,通过消耗体能来达到消除烦躁的目的,使其负面情绪逐步得到宣泄或释放。

3.心理暗示法

当他们心情烦躁时,要教育他们学会对自己采取积极暗示,告诫自己这是正常现象,同时多回想一些以前经历过的美好情境和值得自豪的事情,就能缓解心理压力。人们常说的"阿Q精神胜利法",从心理学角度看实际上就是一种积极的心理暗示,应该说这种方法在特定时期和场合是很有实际效果的。

4.目标转移法

如果因为某件事或某个人而感觉心情烦躁,注意力无法集中,这对要引导他们做些他们感兴趣的事,使烦躁心理得到转移。

5.思想交流法

心理学研究表明,每个人都有同他人交流的欲望和需要。有些吸毒人员不想让别人知道自己的心事,不愿意把心里的苦恼、委屈和悲伤说出来,这样不仅无助于问题的解决,而且会加重自己的烦躁,久而久之还可能产生心理障碍。正确的做法是找一位知心朋友交流、谈心,倾诉自己的心事,以起到逐渐消除烦躁的效果。

第十六节　怨恨心理的管教方法

怨恨心理是吸毒人员的一种埋怨、抵触的不满情绪。这种情绪与自私自利、心胸狭窄相联系。

一、怨恨心理的主要表现

(1)与管教人员和周围的人关系不协调,经常发生矛盾和冲突。

(2)出现问题后千方百计地找借口,不认错。

(3)言语恶毒,出手狠,不计后果。

(4)对家庭亲属不满。将自己的违法犯罪归因于家庭的冷漠或没有满足自己的欲望或需求。

(5)对办案人员怨恨。认为自己的违法事实有很多客观的原因没有被考虑或认为自己的很多陈述没有被接受,认为办案人员偏听偏信。

二、怨恨心理产生的主要根源

(1)这类吸毒人员往往对自己的评价过高,归因错误、荒谬。缺乏基本的自知之明和正确的认罪认错观和悔罪感,一是将被政法机关处罚错误地归因于被害人的控告;二是怨恨政法机关的追究;三是怨恨社会环境或生活环境使自己处于生活艰难之中;四是怨恨家庭对自己缺少关爱等。这些怨恨主要是以自我为中心。

(2)有的吸毒人员虽然能意识到自己吸毒的违法性质,但却认为被处罚主要是由于自己经验不足,运气不佳或他人"放水"。这些错误的归因,使得他们在戒毒矫治过程中,怨恨他人、仇视社会和法律的心态加重。

(3)怨恨心理是一种失败型人格,他们往往在寻找失败的借口和原因时,不检讨自己,而总是责备社会、制度、人生、家庭、环境、运气、他人等。对于别人的成功与幸福,往往愤愤不平,他们会认为,这些都证明生活使他受到不公平待遇,企图用所谓不公正、不平等的现象来为自己辩护,使自己感受好一些。

三、怨恨心理的管教方法

(1)使他们知道:在现实生活中,每个人都要为自己的错误付出代价,社会对人是公平的,只是自己把握机遇的程度不同。怨恨不仅不会有助于自己,而且还会严重影响自己的身心健康。

(2)使他们学会换位思考。让他们站在受害人的角度、社会大众的角度、社会管理者的角度、自己亲人的角度来思考自己的违法犯罪给社会、家庭带来的危害与损失,增强悔罪意识。

(3)学会从自己身上找原因,每发生一件问题或冲突,要从自己身上找出70%以上的原因,这样才会培养起健康的人格心理。

(4)引导他们改善人际关系,积极与人交往,创造良好的社交环境。

第十七节　偏执心理的管教方法

偏执一词源于希腊语,是指走极端的意思。偏执心理是指吸毒人员具有妄想信念,或是脱离现实的固执心态。其思维和行为明显脱离现实而又坚信不疑,说服教育和生活经验均难以改变或纠正这种错误的信念、推理和判断。

一、偏执心理的主要表现

(1)敏感多疑。常常把别人无意的甚至可能是友好的行为表现,误解为怀有敌意或轻蔑,或预期自己会遭受某些伤害。

(2)先占观念。将周围事件解释为具有某种"阴谋",常表现为怀疑他人。

(3)固执己见。常常认为只有自己才是最正确的。听不得不同意见,不相信反而证据。

(4)记恨不能宽容。将挫折和失败的原因归咎于别人。

(5)过于极端。极端地自信、自负,自尊心强;无端地自卑,常感到自己受轻视,并且立即报以恶性反击。

(6)主观性强。常与人争辩,固执地追求个人的利益或权利,不相信别人,很难以事实或道理来改变他们的认识和方法。

当这样的偏执心理越来越严重以致出现妄想等症状时,就形成了偏执症、偏执性人格障碍。

二、偏执心理产生的根源

1.遗传因素

很多偏执心理的吸毒人员的父母都有类似的不健康心理状况,遗传因素对他们有很大的影响。

2.环境因素

虽然遗传因素有很大的影响,但最主要的还是环境因素的影响。家庭的不良教育或父母的过分固执对他们个性的形成也具有很大的影响。不好的家庭气氛,父母经常吵架,社会不良风气等都可以导致他们偏执心理的产生。

3.人际交往能力差

由于他们无法真正相信任何一个人,使他们变得十分不合群,并且容易被别人疏远。这使他们得不到必要的、心理上的安全感和归属感,会产生大量的烦恼和苦闷。

4.缺乏对自己的正确认知和评价

他们的固执和喜欢把错误归咎于别人身上的特点,让他们无法对自己坐出比较正确的认识和评价,他们往往只能看到别人的缺点和错误,而看不到自己的缺点和错误,从而无法对自己进行纠正和完善。

5.不健康的人格缺陷是内在动因

偏执心理在一定个性缺陷的基础上由于长期持久的精神紧张所引起。急性精神创伤可作为诱发因素。心理学研究表明:一个人的气质直接影响自身的行为习惯及心理。当某种需要得不到满足时,当受到他人的压制时,胆汁质的吸毒人员就会沉不住气,不能控制自己的情绪,出现攻击行为,并因自身的胆汁质特点,自尊心、好胜心强烈,不肯承认错误,从而形成偏执心理。如果经常将他们作为反面参照物,经常批评、斥责,久而久之,这些矫正对象"被压制感"日益加重,对周围的一切感到不平衡,偏执心理随之形成。

6.不科学的教育方法

当管教人员提出了过高的要求使他们无法达到时,又不注意沟通引导,他们会丧失自信心、上进心,取而代之的是敌视他人,固执地认为所有的人对自己都是不好,别人都存心不良,并且在"破罐子破摔"的思想影响下,有可能形成偏执心理。

三、偏执心理的管教方法

1. 构建积极的心理方式

应帮助他们挖掘并解决被压抑的深层面的欲望,减少"投射",引导他们更多地采用"转移"和"升华"等积极的心理防御方式。应在心理医生的帮助下进行系统的心理治疗,如不信任他人,敏感,多疑者采用认知疗法;对于缺乏主动交往者,采用交友训练法;对于充满敌意者,采用敌意训练法。

2. 自助疗法

应注意调节好矫正、生活、娱乐之间的关系,劳逸结合,自己帮助自己走出压力。

3. 放松疗法

适当加强体育活动和娱乐活动,让他们的身心得到充分放松。

4. 转移疗法

转移法则是当遇到过大压力时,不妨索性丢开这种压力,将注意焦点转移。如果他们自己无法丢开,还可以让别人来帮助他丢开,以达到自然而然的放松。

5. 宣泄疗法

向他人倾诉。这部分人群可以选择"宣泄法",即找一个固定的心理医生,把心中的郁闷向医生倾诉出来。在必要时,就可以求助心理医生,在医生指导下,使用相应的药物来调整,需要特别注意的是,必须要在医生指导下用药。

第六章 强制隔离戒毒人员分类分级管理工作方法与艺术

第一节 强制隔离戒毒人员分类分级管理工作概述

一、强制隔离戒毒人员分类分级管理工作内涵

强制隔离戒毒人员分类分级管理工作是指强制隔离戒毒机关依据有关法律法规,根据强制戒毒人员不同的性别、年龄、吸食毒品类型等,实施分类编队、分级处遇,有针对性地开展的教育和管理活动。实施强制隔离戒毒人员分类分级管理,旨在提高管理质量,增强管理效果。

二、分类管理情形

根据《戒毒条例》规定和戒毒工作实践,对强制隔离戒毒人员可以依据以下几种情况实施分类管理。

(1)根据强制隔离戒毒人员不同性别进行编队管理。

(2)根据强制隔离戒毒人员不同年龄进行编队管理。不满18周岁的强制隔离戒毒人员,单独编队(班、组),在习艺劳动和生活待遇上给予适当照顾。

(3)根据强制隔离戒毒人员患病情况单独编队管理。

(4)根据强制隔离戒毒人员吸食不同类别的毒品进行编队管理。如传统型毒品、新型毒品、混合型毒品。

(5)根据强制隔离戒毒人员吸食毒品受处理的次数(初吸与复吸)进行编队管理。

(6)对少数民族或外省籍强制隔离戒毒人员人数较多的进行单独编队管理。

三、分级处遇内容

分级处遇是指根据强制隔离戒毒人员不同的戒毒时期与阶段,结合其现实表现,实行宽严不等的管理纪律、内容不同的教育要求、高低不一的生活待遇,分别情况、区别对待的一种差异化动态管理制度。旨在建立促进强制隔离戒毒人员积极的戒毒机制,提高终身抗复吸能力。

(一)特别严管标准和处遇

1.特别严管标准

(1)尿检呈阳性;

(2)有藏匿、传递、吸食、注射毒品等涉毒行为的;私藏、私带、传递其他违禁物品的;

(3)逃跑、行凶或预谋逃跑,唆使、资助他人逃跑的;

（4）为逃避改造，以自杀或自伤、自残相威胁的；

（5）无正当理由，拒不参加学习、劳动、队列训练和集体活动的；

（6）屡犯所规队纪，不服从管理，顶撞谩骂民警的；

（7）拉帮结派，打架斗殴的首要分子；

（8）组织煽动他人寻衅滋事，扰乱场所秩序的；

（9）有其他严重违规违纪行为，必须实行特别严管的。

2.特别严管处遇

（1）停止会见亲属和使用亲情电话；

（2）未经值班民警允许，不得离开规定区域；

（3）只允许购买个人生活必需品；

（5）其他必要的强制措施。

（二）严管标准和处遇

1.严管标准

（1）新入所处于生理脱毒期的强制隔离戒毒人员；

（2）特别严管的强制隔离戒毒人员经三个月教育矫治，表现好升级的；

（3）严管的强制隔离戒毒人员经三个月教育矫治，表现一般留级考察的；

（4）普管级（康复期）强制隔离戒毒人员经三个月教育矫治，表现差降级的；

（5）宽管级（巩固期考察阶段）强制隔离戒毒人员在考核期内被处以警告以上处罚的；

（6）特别宽管（巩固期社会适应阶段）强制隔离戒毒人员在考核期内被处以记过以上处罚的。

2.严管处遇

（1）每月可与亲属通话1～2次；

（2）每月2次会见亲属；

（3）允许购买个人生活用品、食品等。

（三）普管标准和处遇

1.普管标准

（1）处于戒毒康复期强制隔离戒毒人员；

（2）解除严管，经三个月教育矫治，表现好的；

（3）巩固期考察阶段强制隔离戒毒人员，经一年康复教育、矫治，表现一般需留级考察或降级的；

（4）巩固期社会适应阶段强制隔离戒毒人员，在考核期内被处以警告以上处罚的。

2.普管处遇

（1）经批准可以根据个人需要在所内小卖部或超市自购生活用品、食品；

（2）在规定时间内，可以到所内图书馆、阅览室、教室、体育运动场地和劳动教养管理所指定的其他场地活动；

（3）直系亲属病危或病故，确需本人回家处理的，经有关部门证明、本人申请、所领导批准，可由民警带领回家处理；

（4）每月可与亲属通话2～4次，按规定会见。

（四）宽管标准和处遇

1. 宽管标准

（1）处于戒毒巩固期的强制隔离戒毒人员；

（2）普管期强制隔离戒毒人员经过一年戒毒康复教育、矫治，达到宽管或特别宽管条件的。

2. 宽管处遇

（1）可根据需要在所内小卖部或超市自由购物；

（2）在规定时间，可到规定范围自由活动、娱乐；

（3）可实行所内康复、集体住宿，在民警的指导下，实行自我管理；

（4）每月可与亲属通话4～6次，按规定会见。

（五）特别宽管标准和处遇

1. 特别宽管标准

经过3个月的教育矫治，表现突出的，可以定为特别宽管。

2. 特别宽管处遇

（1）可根据需要在所内小卖部或超市自由购物；

（2）在规定时间内，可到规定范围自由活动、娱乐；

（3）每月与亲属通话，按规定会见，次数一般不受限制；

（4）可有组织地到社区、公共场所或强制隔离戒毒所附近地区参加社会公益性活动。

四、分段管理的特征

分段管理是指按照强制隔离戒毒人员戒毒工作流程和教育矫治的基本规律，依据《戒毒法》和《戒毒条例》精神，以强制隔离戒毒人员日常考核为基础，以分类管理和处遇为主导，在现行"严管、普管、宽管"等级管理的基础上，针对强制隔离戒毒人员戒毒康复所特有的生理、心理和行为特征，按生理脱毒期、身体康复期、戒毒巩固期划分为不同等级，实行以封闭式、半开放式、开放式三种相对集中的分段管理模式。

不同管理模式采取不同处遇标准和教育内容。

（一）封闭式管理的特征

封闭式管理主要针对处于生理脱毒期强制隔离戒毒人员和其他有严重违规违纪人员。实行民警直接管理，对被强制隔离戒毒人员在所内活动范围、处遇予以严格限制。突出管理强制性特点，强化系统教育，重在法制、道德、行为养成，以及戒毒心理、戒毒决心等方面教育，以实现知错、悔改、增强戒毒信心。

（二）半开放式管理的特征

半开放式管理主要针对处于身体康复期强制隔离戒毒人员。在民警组织、指导下，对被强制隔离戒毒人员所内活动范围、处遇予以相对宽松的管理，实施常规课堂教育，重点进行身体康复训练和劳动技能的学习培训，以实现政治素质、文化素质、劳动技能以及身体机能的提高和良好行为的养成。

（三）开放式管理的特征

开放式管理主要针对处于戒毒巩固期强制隔离戒毒人员。在民警组织指导下，对被强制隔离戒毒人员采取所内宽松管理与模拟社区生活的管理，以实现自律意识增强，思想行为改好，完成回归社会过渡。

实践中，对强制隔离戒毒人员实施分类分级管理应充分考虑被强制隔离戒毒人员的收容规模、戒毒需求和戒毒场所的软硬件设施等,分步实施,逐步推进。

第二节　吸食传统毒品强制隔离戒毒人员的管教工作方法

【案例】

改变错误认知　重塑健康人生

一、一般资料

（一）基本情况

徐某,1980年11月出生,汉族,浙江台州人,初中文化程度,未婚,身高168厘米左右。2008年11月11日,在家注射海洛因,12日中午到台州椒江分局洪家派出所申请美沙酮治疗时,尿样呈阳性反应,后被决定强制隔离戒毒两年。

（二）个人成长史

徐某,患乙肝、丙肝疾病史,家族无精神病史。小学毕业后,一直无正常工作,和朋友在社会上混,成年以后,自己做生意。家里有父母和妹妹、妹夫,父母从小管教不严,尤其是父亲,从小到大几乎没有交流,一做错事棍棒伺候。最喜欢的人是母亲,母亲和自己有沟通交流,平时会教自己做人做事的道理。

（三）精神状态

求助者表情呆板、眉头紧锁,与人交流时眼睛直视对方从不转移视线,说话急但又话在嘴边说不出来,焦虑,烦躁不安,感到痛苦。

（四）身体状态

自诉经常头痛,晚上睡觉睡不着,精神高度兴奋。

（五）社会功能

人际交往减少,不敢与本中队的其他学员交流,怕别人要害自己,觉得自己一说话别人就会跟民警打小报告。

（六）心理测试

（1）EPQ（艾森克人格问卷）:E30分、P60分、N90分、L30分;

（2）SCL—90（90项症状清单）:显示有中等程度强迫、焦虑、抑郁;

（3）SDS（抑郁自评量表）:标准分61分;

（4）SAS（焦虑自评量表）:标准分60分。

二、求助者个人陈述

每天晚上都睡不着,精神崩溃,人可以说一下子脑子不清楚,不知道自己在做什么。有时候感觉像做梦一样,觉得有人管着自己。说话也有问题,一下子会突然间说不出话来,感觉兴奋极了,喉咙里说不出什么,说来说去就这么几句话。晚上睡觉听见有人叫自己把棉被扔掉,不扔掉晚上就会被压死。从四大队回来当天,听说之前和自己一起被抓的几个人已经被公安放走了,怀疑自己当时是遭到别人陷害被人举报的,然后就开始感到胸闷。回到中队以后,不敢在中队待着,不敢跟他人交流,总感觉中队人太多了,有人要害自己。内心十分的难受,所以前来寻求帮助。

三、周围人的反映及咨询师观察

民警介绍:该员自 2009 年 4 月入所以来,日常生活一直处于紧张、局促状态,平时喜欢自己一个人待着,与人交流时眼睛直勾勾地看着对方。2010 年 4 月开始情绪反常,在工场里经常自言自语,并扬言要用剪刀捅死同台套口机的包夹学员,晚上就寝时,曾将棉被扔掉。近期从四大三中队集训封闭回来,回来后第二天凌晨就将自己同寝室学员叫起床,说中队人太多,觉得有人要害自己,想回四大三中队去。

其他学员反映:该员从四大队回来后,与人交流时眼神直勾勾的,眉头紧锁,嘴里反复说的就是有人要害自己。

初次咨询:情绪极其低落,眼睛直视咨询师从不转移视线,当咨询师问及为何与人交流眼神直视时,视线转移一会儿后又直视,说话急促但语不成句,焦虑烦躁,警惕性极高。

四、评估与诊断

(一)求助者目前精神、身体状态

(1)精神状态:头痛,每天晚上睡不着,害怕紧张,感觉有人要害自己。对自己不自信,不敢表达自己的想法。

(2)身体状态:根据最近一次的检查报告显示无躯体异常情况,缺乏器质性病变依据,但睡眠有障碍。

(3)心理状态评估:总体心理健康状态较差。

(二)求助者的典型症状

(1)被害妄想;

(2)焦虑;

(3)抑郁。

根据病与非病三原则;根据求助者问题出现的时间、强度和典型心理与行为异常表现的性质及严重程度判断;根据心理测试结果和躯体疾病历史、精神病家族历史以及典型心理与行为异常的表现排除精神障碍。由此综合分析求助者的心理与行为异常表现属于心理问题范畴,为强迫性神经症。

(三)诊断依据

(1)强迫症状:被害妄想;

(2)内容泛化:人际关系紧张;

(3)有自知力,主动求医,排除"重型精神病";

(4)病程时间长,有半年多;

(5)精神负担重,内心痛苦。

(四)病因分析

(1)生物学原因:无躯体疾病引发心理问题显示;

(2)根据该员日常生活表现,可以确诊为强迫性神经症。

①性格特征。其性格固执、倔强、易激动、脾气坏,缺乏判决力,属于典型的强迫型人格。这种人格的人易患上强迫性神经症。

②临床表现。具备强迫观念,表现为反复持久的观念、思想、印象或冲动念头。力图摆脱,但为摆脱不了而紧张烦恼、心烦意乱、焦虑不安和出现一些躯体症状,如:不敢跟他人交流,总感觉中队人太多了,有人要害自己。

五、咨询目标的制定

根据以上诊断分析,通过与求助者协商,确定咨询目标。

(一)具体目标与远期目标

(1)探寻不良行为的诱因,改变错误的认知。

(2)改变人际交往的不良状态,增进与环境的接触。

(二)最终目标与长期目标

在达到上述目标的基础上,最终寻求促进求助者的健康和发展,达到人格的完善。

六、咨询方案的制订

根据心理咨询诊断的结果,运用认识领悟疗法对其进行行为的转化。认识领悟疗法认为一个成年人产生强迫症的根源不在于现在,而在于无意识的幼年期创伤体验。幼年期创伤包括父母离异、缺乏或失去母爱、各种躯体病痛和灾难、体罚、过度的情绪刺激、剧烈惊吓等。幼年生活经历,尤其是创伤性经历,影响个性的形成,并可能成为成年后心理障碍的种子。成年人处在困境中或遇到严重心理冲突,会产生焦虑情绪。这些情绪经过心理机制的加工被泛化为各种强迫的症状(被害妄想也是强迫症的一种)表现出来。

认识领悟疗法还认为:强迫症是过去的或幼年期的恐惧在成年人心理上的再现。它通过求助者对疾病原因的回忆和医生的解释,使求助者对病因领悟。该领悟能够从全新的角度刺激求助者改变错误的认识,自觉地找准问题的症结,得到领悟而使症状减轻或消失。

根据认识领悟疗法的原理,结合本案例可以看出:求助者的强迫症状起源于幼年时期缺乏父爱,与父亲没有言语的交流,有交流的时候就是棍棒伺候的时候。这种交流模式导致求助者对人际关系很敏感,认为他人对自己都是存有敌意的,这成为幼年的创伤性经历。这种创伤性经验就是成年后心理障碍的阴影,每当求助者的人际关系出现危机的时候,求助者就会产生心理冲突,从而产生焦虑,表现出强迫意向,认为身边的人对自己都是有敌意的。这种强迫意向是其错误的认识和错误的评价所直接导致的。而这一系列的不良行为模式,都是在其成长经历的背景下和个性特点的基础上,不断习得和形成的。这其中无论是情绪的变化,还是行为的异常,也都同样存在着个体社会认知的偏差和不合理等因素。而行为的不断反复和强化,反过来又会加剧认识和个性的偏离,再加上环境等不利因素的加重和催化。如果不及时采取操作性、目标性、时效性、针对性很强的认识领悟治疗方法加以矫正,求助者将陷入恶性循环怪圈,导致其症状恶化,最后演变为精神病。

认识领悟疗法的精要处在于:引导求助者进行自我探索,通过领悟,对于成长中的错误观念及个性不足进行重新认识,从全新的视角解释过去的问题,学习建设性的行为,排除障碍、创造条件、开发潜能和自我实现。

七、咨询过程

咨询过程大致可以分为以下三个阶段:

（一）评估诊断与咨询关系建立阶段

1.目的

(1)建立信任关系；

(2)了解求助者基本情况,收集相关资料；

(3)明确主要问题,共同协商咨询目标；

(4)介绍心理咨询方式方法和相关情况。

2.方法

会谈法、心理测试。

3.过程

填写咨询登记表,询问基本情况,介绍咨询中的有关事项与规则,介绍双方的责任、权利和义务,进行心理测试。咨询师通过专注与倾听,使求助者感觉到被理解和接纳,信任得以建立；咨询师加以理论的解释和指导,使求助者感到自己的困难有了可求助的场所,从而感到安慰；咨询师的询问和求助者的叙述,澄清了原来模糊不清的问题,使求助者变得踏实。

（二）心理帮助阶段

1.目的

(1)了解求助者的生活史和容易记起的有关经验,引导求助者一起分析症状的性质。

(2)引导求助者进行自我探索,使之认识成长中的错误观念与个性不足,排除障碍,创造条件。

2.方法

会谈法。

3.过程

其一,重点向求助者表明:这些症状是幼稚的,符合儿童的思想水平和行为特点；但不符合成年人的思想认识水平和行动特点；因此自己的强迫,实际上是不自觉地运用幼稚的手段来消除同样幼稚的恐惧。对求助者"不敢与中队的学员交流,怕别人要害自己,觉得自己一说话别人就会跟民警打小报告"的想法提出质疑。

其二,当求助者对上述解释和分析有了初步认识和体会以后,即向他解释病的根源在过去,甚至在幼年期。指出其根源在于幼年期的精神创伤。这些创伤引起的焦虑情绪在脑内留下痕迹,在成年期遇到挫折时就会再现出来影响人的心理,使其一直用儿童的态度对待成年人看来不值得恐惧的事物。

咨询片段1：

> 咨询师:能不能跟我讲一下你小时候的成长过程?
>
> 求助者:成长过程?
>
> 咨询师:就是你父母或者你身边的小伙伴对你影响比较深刻的。
>
> 求助者:……
>
> 咨询师:不要紧张,放轻松,整理了再说出来。
>
> 求助者:小时候爸妈对我管教都不严,尤其是父亲,几乎就没有管过我。我小时候比较淘气,父亲因此生气,但也不跟我说话,就是直接拿棍子打我,根本不听我任何解释。

咨询师:那你跟小伙伴之间关系怎么样呢?

求助者:我对他们也很不信任,就怕他们会跑到我爸爸面前去告状。

……

由此可以看出,求助者在小时候跟父亲的关系紧张,直接导致求助者对人际关系的不信任,认为无论是谁都对自己有敌意。在以后的成长过程中,一直保持着这种错误的人际交往模式,不敢与人交流,处处戒备。

咨询片段2:

咨询师:你最近什么时候开始感觉周围人要害你?

求助者:就是从四大队三中队回来的当天。

咨询师:能跟我详细说一下那天的情况吗?

求助者:我回来之前在四大队三中队碰见了以前的一个朋友,他跟我说当时和我一起吸毒的几个朋友已经被放了,好像是在公安机关就被放了。那时候我就觉得突然之间胸闷起来了,然后回到中队以后就觉得中队的其他学员看我的眼神都不对,他们都要害我。

咨询师:他们被公安放了让你想到了什么?

求助者:他们被公安放了说明那天肯定是他们跟公安通风报信了,是他们陷害了我。

咨询师:你能够确定现在你这个朋友跟你说的都是真实的吗?

求助者:……我也不知道,我觉得可能是真的,有可能不是。

其实求助者自己都不能确定这个消息的真实性,可是从小形成的对人际关系不信任的错误观念导致求助者片面地认为这个消息肯定是真的,认为当时自己被公安抓肯定是因为朋友的出卖。也由此发展为后来的回到中队后认为中队其他学员都要害自己。

(三)结束与巩固阶段

1.目的

(1)巩固效果,改变错误认知,消除和减轻不良行为,维持正确的认识与健康的行为习惯;

(2)将这种能力运用于生活的其他方面。

2.方法

会谈法、放松训练、心理测试。

3.过程

(1)咨询师引导,让合理的思维取代错误的认知;

(2)采用放松训练,消除睡眠障碍;

(3)心理测试结果:

SCL-90(90项症状清单):显示只有轻度强迫、焦虑、抑郁。

SDS(抑郁自评量表):标准分55分。

SAS(焦虑自评量表):标准分55分。

八、咨询效果评估

(一)前后两次心理测试的比较

第一次心理测试的结果:

EPQ(艾森克人格问卷):E30分,P60分,N90分,L30分。

SCL-90(90项症状清单):显示有中等程度强迫、焦虑、抑郁。

SDS(抑郁自评量表):标准分61分。

SAS(焦虑自评量表):标准分60分。

第二次心理测试的结果:

SCL-90(90项症状清单):显示只有轻度强迫、焦虑、抑郁。

SDS(抑郁自评量表):标准分55分。

SAS(焦虑自评量表):标准分55分。

两次的比较可以看出,症状减轻。

(二)求助者主诉

感到前所未有的轻松,睡眠改善,愿意与同教交流沟通,焦虑烦躁减少,头脑思路清晰,知道如何表达自己内心的想法。

(三)社会支持系统

与民警、学员关系改善,沟通良好。

(四)咨询师评估

通过回访和跟踪,发现咨询已基本达到预期目的:改变了求助者的不合理信念以及对现实问题的误解和错误评价,减轻了被害妄想症状,恢复了求助者的社会功能。同时求助者通过咨询,能够开始自我认识和探索,重树自信心,并能够有能力开始面对和解决问题,人格的完善得以促进。

一、传统毒品含义

传统毒品是指鸦片、海洛因等麻醉药品,主要是罂粟等毒品原植物再加工的半合成类毒品。如吗啡、大麻、可卡因等。

传统毒品是相对于新型毒品而言,根据其原料、工艺、吸食反应、成瘾程度等进行的"概念"归类,其本质均是毒品,因此传统毒品与新型毒品既有共同点又有区别。

传统毒品与新型毒品的共同点主要有:

(一)极强的成瘾性

无论是传统毒品还是新型毒品,一旦吸食,都具有极强的成瘾性。这种成瘾既有生理依赖,又有心理依赖,停止吸食,身心便会产生极度难忍的痛苦感。

(二)肌体的破坏性

无论用什么方式吸毒,吸什么类型的毒,对人的肌体都会造成极大的损害,导致各种疾病发生。

(三)财产的消耗性

无论是传统毒品还是新型毒品,吸食者耗资巨大,最终要倾家荡产。

(四)行为的违法性

根据我国法律,吸食毒品违反《戒毒法》,并容易衍生其他犯罪。

传统毒品与新型毒品的区别主要有:

(一)原料构成不同

传统毒品一般以植物提取为主,而新型毒品则是以化学合成为主。

（二）吸食方式不同

传统毒品多采用吸烟式或注射等方法进行；新型毒品则大多为片剂或粉末，多采用口服或鼻吸式进行，具有较强的隐蔽性。

（三）涉毒群体不同

传统毒品的涉毒人群范围广，年龄跨度大，职业分布广。新型毒品的涉毒人群以青年为主。

（四）行为后果不同

传统毒品吸食者一般是在吸食前犯罪，由于对毒品的强烈渴求，为了获取毒资而去杀人、抢劫、盗窃；新型毒品吸食者一般在吸食后会出现幻觉、极度的兴奋、抑郁等精神病症状，从而导致行为失控造成暴力犯罪。

二、传统毒品的吸食特征和后果

（一）鸦片

鸦片，可以说是人类历史上最古老的一种毒品。鸦片又称"阿片"，俗称"大烟"、"鸦片烟"，有生鸦片和熟鸦片之分。生鸦片来自植物罂粟，一般不直接吸食，需进一步精制成熟鸦片方可使用。熟鸦片呈深褐色，手感光滑柔软。长期吸食可使人瘦弱不堪，极易感染各种疾病，寿命也会缩短。过量吸食鸦片可因急性中毒、呼吸抑制而死亡。

（二）吗啡

吗啡是鸦片中所含的一种主要生物碱，在"金三角"地区，粗制吗啡又被称为"黄皮"、"1号海洛因"。吗啡滥用者多数采用静脉注射的方法，静脉注射吗啡的效果比吸食鸦片强烈10～20倍。

（三）海洛因

海洛因是鸦片系列毒品中最纯净的精制品，是目前我国吸毒者吸食和注射的主要毒品之一，又称"白粉"、"四妹"、"白面"。纯净的海洛为白色、有苦味的粉末，多用玻璃纸包装，以保持干燥。海洛因的镇痛作用是吗啡的4～8倍，人体对其依赖性是吗啡的5倍以上，常用剂量连续使用2次即可成瘾。海洛因可口服、烫吸、肌内注射、皮下注射和静脉注射，其中以烫吸、静脉注射比较常见。

（四）大麻

大麻是当今世界上最廉价、最普及的毒品，大麻类毒品的主要活性成分是四氢大麻酚。大麻可吸食、饮用、吞服，也可注射。长期吸食大麻会使肺癌的发病率增高，可使人失去复杂的操作能力和驾驶机动车的能力，造成意外事故。

（五）可卡因

可卡因是从古柯树叶中分离出来的一种最主要的生物碱，最常用的滥用方式是鼻吸。吸食可卡因可产生很强的心理依赖性，长期吸食可导致精神障碍，也称可卡因精神病，容易引起暴力、攻击行为。

三、吸食传统毒品强制隔离戒毒人员的管教工作方法

无论吸食何种毒品，都会产生程度不等的心理依赖性和对身体的不同损伤。将传统毒品与新型毒品区别管理，主要是考虑以下三点因素：

（1）传统毒品一个显著特点是"镇痛"与"镇静"，即使单纯的以"快感"为目的的吸食者，其成瘾后的行为一般尚能克制，产生致幻的概率相对较低。

（2）传统毒品与新型毒品所产生的危害各有特点，分别管理有利于阻止两类吸食者的互相交流，从而降低复吸率，提高戒断率。

（3）传统毒品与新型毒品的吸食者，其心理、行为、身体健康状况等有一定的差异，分别管理有助于管理者因人施教和管理专业化水平的提高。

实践中，对于吸食传统毒品的强制隔离戒毒人员管教方法为：

（一）将初次吸毒与多次吸毒的强制隔离戒毒人员做适当分离

初次吸毒人员其思想和行为相对单纯，对毒品的依赖程度相对低一些，可塑性较强；而多次吸毒人员其吸毒经历和对毒品感受相对较深，身心对毒品的依赖程度高。如果将两者混为管理，容易产生"多进宫"的强制隔离戒毒人员对初次吸毒的强制隔离戒毒人员"言传身教"，因此，有条件的应实施分类编队管理，或分组管理。

（二）强化戒毒信心教育

吸食传统毒品的强制隔离戒毒人员，特别是初次吸毒的强制隔离戒毒人员，其受毒品的危害程度相对较低，心瘾、身体机能、家庭环境等都属于可控范围，因此，这是挽救吸毒者、提高戒断率的最佳时机。这一时期应加强戒毒的科学施教，帮助强制隔离戒毒人员提高对毒品的认识和学习戒毒的科学理论，使他们认识到初次吸毒和吸食传统毒品的戒断成功率高，此阶段实现彻底戒毒，有望摆脱复吸阴影，走上健康生活之路。

（三）用案说教

收集国内外成功戒毒案例，特别是初次吸毒和吸食传统毒品的成功戒毒案例。通过实际案例和数字比较，让初次吸毒和吸食传统毒品的强制隔离戒毒人员能够直观感知"自己身处戒毒的好时光"，树立"别人能行自己也能行"的观念，强化戒毒愿望。

（四）培育健康的生活方式

强制隔离戒毒期间应制定严格的规则制度，以消除行为懒散、纪律松懈的生活作风。严格一日生活规范，积极组织各类文娱活动，强化体能训练，促使培育健康的生活方式。

（五）合理分配戒毒"三期"时间

从实践看，吸食传统毒品的强制隔离戒毒人员，戒毒后心瘾程度高，但对身体伤害（特别是精神损伤）会小一些。据此，可适当减短生理脱毒期的时间，延长身体康复期，特别是戒毒巩固期的时间，以加大心理康复、职业技能培训、适应社会谋生的训练，筑牢戒毒根基。

第三节　吸食新型毒品强制戒毒人员的管教工作方法

【案例】

吸食新型毒品强制戒毒人员的心理矫治

一、基本情况

潘某，男性，1975年3月出生，汉族，初中文化程度，浙江省永嘉县人，未婚，2009年3月被送入本所进行强制隔离戒毒。

个人成长史资料：潘某出生于永嘉县，共有兄弟五人，其排行第四。初中毕业后在家乡开了个台球室，家中经济条件较好，后因帮朋友出头与他人发生冲突而伤人外逃，从此在外闯荡十余年，在此期间其一个哥哥去世，一个哥哥重病在床，一个哥哥与其关系破裂，与其关系最好的弟弟也患上精神疾病，其本人也染上毒瘾数次出入戒毒场所。本次因吸食冰毒入所后便开始情绪紧张，食欲减退，睡眠不好，注意力不集中。在入所没多久就发生违纪行为，并于6月份发生对抗管理的行为。潘某过去从未患过重大的身体疾病和精神疾病，也未接受过心理咨询和心理治疗。

目前精神状态：感知觉、记忆和思维未见异常。注意力不集中，紧张、焦虑、情绪低落，人格相对稳定。

身体状态：食欲下降、偶尔失眠。躯体医学检查正常。

戒毒改造和人际交往状况：对生活、交往有一定影响，依旧有通过改造戒除毒瘾的愿望，但改造效率下降。

二、主述和个人陈述

主诉：情绪紧张，焦虑近一个月。

个人陈述：自己出生于永嘉县，共有兄弟五人，排行第四。初中毕业后在家乡开了个台球室，家中经济条件较好，后因帮朋友出头与他人发生冲突而伤人外逃，从此在外闯荡十余年，在此期间一个哥哥去世，一个哥哥重病在床，一个哥哥与自己关系破裂，关系最好的弟弟也患上精神疾病，本人也染上毒瘾数次出入戒毒场所。整个家庭都被自己弄散了，连年迈的父母也因自己的连累而晚年生活凄凉。

这一次被强戒是因为在外面吸食冰毒，长时间的吸食冰毒对其身体和情绪都有很大的影响。自己也很想好好戒毒，早日回家对家人进行补偿。但是一进来就发生违纪行为对自己信心打击很大，而且每次一想到家里的情况就觉得对不起家里人，老是陷入自责当中，并经常性地想起来。碰到因违纪被民警提出批评时总有想进行对抗管理的冲动，但是事后也都会后悔。因此，开始情绪紧张，食欲减退，睡眠不好，注意力不集中，经常出差错。自己也很想做到不胡思乱想，静下心来好好戒毒，可就是控制不住。现在经常头昏，非常痛苦，感到自己无法摆脱困境，所以前来咨询。

三、观察和他人反映

咨询师观察结果：该学员情绪比较低落，思维比较缓慢，但语言表达清晰。他的少言寡语、时而沉默以及对其异常表现问题的回避是咨询中的阻抗现象，也是解决其心理问题的契机。

四、评估与诊断

诊断依据：

（1）根据病与非病的三原则，该学员的知情意协调、一致，个性稳定，有自知力，问题的出现也有一定的诱因，自己对症状有良好的自知力，并因内心冲突感到痛苦，主动寻求咨询师的帮助。且没有幻觉、妄想等精神病症状。因此可以排除精神病。

（2）对照症状学标准，引起该学员心理问题的原因是对其威胁较大的刺激；其不良情绪不间断地持续一个月以上，不良情绪泛化到生活的其他方面，对其生活、交往等社会功能产生影响。

（3）与抑郁性神经症相鉴别：该学员存在明显抑郁情绪、情绪低落、意向下降、兴趣下降，但皆因内心冲突引起，无自杀倾向等症状，虽严重影响社会功能，但是其思维清晰，因此可以排除抑郁症。

（4）与焦虑性神经症相鉴别：该学员存在焦虑、猜疑等症状，但持续时间短，未严重影响逻辑思维，且该学员的心理冲突有明显的道德色彩，与神经症心理冲突的变形不同，因此可以排除焦虑性神经症。

根据以上依据诊断为：一般心理问题。

五、咨询目标的制定

咨询师和求助者共同商定了咨询目标。近期的目标是：缓解紧张焦虑情绪。长远目标是：矫正其异常行为，更为重要的是改变他解决问题的不良行为模式和吸毒人员特有的负性心理特征。

六、咨询方案的制订

根据来访者主动的求助心理，在咨询过程中讨论认为给自身带来忧虑与担心的因素，作为释放焦虑感觉的过程，并逐步调整和改善来访者对强制隔离戒毒的错误认识。咨询方案实施前告知求助双方的责任和义务，要求求助者积极思考，提出问题，配合咨询师的工作。

七、咨询过程

咨询过程分为三个阶段：

第一阶段：讨论认为给自身带来忧虑与担心的因素，让其讲出自己心中的苦闷，感受到被接纳、尊重和信任，为咨询的顺利进行打下了基础。同时对其的焦虑感觉进行释放。

第二阶段：用浅显易懂的语言和图片向其解释改变看法可以产生不同的情感反应的道理，引导其多角度思考问题。

来访者情绪困扰主要原因：其被强制隔离戒毒了，而且现在年纪也大了，再这样下去就无法对家人进行补偿和回报，在这里也没有人能够对其进行帮助。针对其原因，和来访者直接进行讨论，如果能够有坚定的信心，年龄并不是最大的问题，其还是能回到正常的生活当中。通过拼搏，还是能对家人进行补偿的。引导他多从积极的一面去看问题，凡事多往好处想，不能认死理。快结束时，来访者觉得自己真的想明白了，以前的想法有点钻牛角尖。

第三阶段：鼓励其参加多种形式的文艺、体育活动，使其压抑的内在能量寻找到一个释放渠道，排解其焦虑情绪，并为自己的强制隔离戒毒制定一个目标。通过咨询，来访者反映自己的情绪状况比以前好了，改造学习也轻松了一些。根据其记录的情况看，注意力集中时间日趋增长。

八、咨询效果的评估

来访者的自我评估：通过一段时间的咨询，来访者自称感觉轻松了许多，心情平静不少，失眠现象消失。生活、生产中已基本恢复正常，虽有时注意力还不太集中，但已能与学员交流，并主动参加一些娱乐活动。

咨询师的评估：咨询的近期目标基本实现，求助者缓解了焦虑情绪，已开始投入到正常的戒毒改造生活中，对自己的人生也有了一定的规划。

一、新型毒品含义

新型毒品,是指近几年来在吸毒人群中广泛流行的一些麻醉品和精神药品,如冰毒、摇头丸、氯胺酮、麻古等。与传统植物性的 5 种毒品比较,这些新型毒品主要是一些化学合成类的毒品,而且由于它们主要是在广大青少年中流行,所以在某种意义上说,这些新型毒品对人类的危害更大,后果更为严重。

二、新型毒品的吸食特征和后果

（一）冰毒

"冰毒"又名甲基苯丙胺、去氧麻黄碱,由于冰毒可一次成瘾,故又称"快速丸"。它是无味或微有苦味的结晶体,因其外观像冰,故俗称"冰毒"。有胶囊、粉剂、小块等多种形式,可抽吸、鼻吸、口服和注射。长期滥用可造成体重减轻和精神异常,出现幻觉、妄想。

（二）K 粉

"K"粉又名氯胺酮,属于其他合成类新型毒品。滥用后,易导致人的迷幻,产生错觉,兴奋、尖叫、烦躁不安,麻痹人的神经系统。K 粉的吸食方式有鼻吸、抽吸或溶于饮料内饮用,通常是与海洛因、摇头丸、冰毒、大麻等毒品合并使用。

（三）摇头丸

摇头丸又称"迷魂药"、"快乐丸"等,具有致幻作用。常被制成颜色、图案各异的片剂或胶囊。由于片面地认为摇头丸不易上瘾,加之吸食和携带方便、拥有独特的吸食效果,因而深受年轻一族欢迎。近两年来,"摇头丸"在我国渐呈泛滥之势,其主要滥用场所为舞厅、迪厅、卡拉 OK 厅等公共娱乐场所。

三、吸食新型毒品强制隔离戒毒人员心理和行为特征

一般来讲,吸毒人员的心理行为特征具有一致性,特别是稽延性戒断症状在戒毒过程中几乎人人皆有。如:全身乏力、四肢关节和肌肉疼痛、自主神经功能紊乱、睡眠障碍等。但实践中吸食新型毒品的人员除了与吸食传统毒品的人员共有的心理和行为特征外,还具有自身的特点,主要有以下几点:

（一）青少年居多

新型毒品购买方便,携带容易,作用明显,因此,青少年群体吸毒者较多。

（二）混吸者多

从目前情况看,随着戒毒人员吸毒史的增长,一般不再主动选择毒品类型,只要哪种毒品方便获得,便使用哪种。

（三）身体素质低下

新型毒品对大脑神经系统损伤严重,易造成心血管疾病,发生猝死概率高。

（四）精神异常、行为偏激

长期吸食新型毒品者,易造成精神恍惚,行为偏激。有时突发幻觉,有时性格暴躁,为一点小事大发雷霆或出手伤人。容易发生突发性事件。

（五）自律意识差

吸食新型毒品的强制隔离戒毒人员以青少年居多,而且大多无正当职业,长期生活在无组织无纪律的环境中,集体意识差、自由散漫、性格颓废,很难用正确的人生观、价值观约束自己的行为。

四、吸食新型毒品强制戒毒人员管教方法

对于吸食新型毒品的强制隔离戒毒人员,由于其特有的心理和行为特征,除采取传统毒品强制隔离戒毒人员的管教方法外,应采取以下措施:

(一)改善硬件设施,确保隔离到位

对吸食新型毒品的强制隔离戒毒人员的居住、学习、生活、习艺劳动现场等所需的硬件设施,应采取全封闭隔离,确保其在一个相对封闭的环境中远离包括毒品在内的违禁品。同时要尽可能地提高居住、学习、生活、习艺劳动场所的设施条件,做到宽敞明亮、清洁卫生、设施牢固、文体生活娱乐用品丰富等,以达到用美好环境陶冶情操之目的。

(二)强化集体意识,注重行为规范

要针对强制隔离戒毒人员所暴露的集体意识差、自由散漫、颓废等特点,在整个强制隔离戒毒期间实施以集体活动为主的管理模式,规范从早上起床到晚上熄灯全过程的集体管理制度,通过对集体行为的养成教育和训练,促进强制隔离戒毒人员个体行为养成的素质提高。可通过分级处遇、奖惩、文化与体能竞赛等活动,来增强对集体荣誉感的认同、对健康生活行为的培育与适应。

(三)注重心理救治,防范精神异常

吸食新型毒品的强制隔离戒毒人员心理扭曲、精神异常的多,在日常生活中不能很好地与人交流、和睦相处,经常会为一些琐事发生争吵、斗殴,有些具有明显的精神异常,毫无征兆地突然袭击他人,甚至民警。因此,管理中要特别注重心理救治,科学界定精神疾病。可通过人格测试、查阅档案、个别谈话、身体检查等,进行"风险"等级评估。风险等级可分为"平稳"、"一般"、"重大"、"特别重大"等,每一个月为评估的时间周期,可视实际情况动态掌握。对于处在重大以上"风险"的强制隔离戒毒人员,应建立具有针对性的心理救助和过激行为防范预案。

(四)细化管理内容,防范过激行为

一般来讲,吸食新型毒品的强制隔离戒毒人员自律意识差、性格暴躁、行为偏激,因此,在实施管理中应细化管理内容,完善管理措施,从细微处入手,达到确保安全的目的。①严格落实民警直接管理制度。民警实行 24 小时全天候直接管理,强制隔离戒毒人员任何时候不能脱离民警视线。特别是要坚决杜绝班组长替代民警履行职责。②生活现场要求:制定一日生活作息时间表,明确活动范围。除日常用品外,不允许强制隔离戒毒人员将任何物品私自带入宿舍。就餐用具由食堂统一配备。夜晚上厕所等有人员陪同看护。③习艺劳动现场要求:严禁设立单独劳动岗位;严禁非固定劳动工具存放;严禁使用和接触危险劳动工具或物品;严禁将习艺劳动现场一切物品随身外带。④行动军事化:对吸食新型毒品的强制隔离戒毒人员应特别注重"一切行动听指挥",严格纪律要求。无论出收工、就餐、集合、休息等,必须服从命令听从指挥,以军事化的要求矫正其懒散的生活习惯。

(五)加强疾病预防,确保人身安全

针对吸食新型毒品的强制隔离戒毒人员体质特征,在做好体能康复的同时,要积极加强疾病预防,特别是猝死、心血管方面的疾病救治。医院要建立病历档案,每年进行体检,对筛选出的具有疾患的重点人员做到重点防护。有条件的地方应把医护人员和急救设备设置在尽可能靠近强制隔离戒毒人员宿舍,以确保能在最短的时间内开展施救。

（六）文武双全，担当历史使命

　　管理吸食新型毒品强制隔离戒毒人员的人民警察，要既能"文"又能"武"。"文"就是具备一定文化素养和心理学知识，能够开展一般的心理疏导和救治，熟练掌握个别教育、谈话的技巧。"武"就是具有一定的警体技能和良好的身体素质，遇有突袭可以绝对取胜，遇有斗殴可以轻松制服。民警在日常管理中应重点注意：①行为突然失控者。吸食新型毒品强制隔离戒毒人员，特别是处于生理脱毒期的强制隔离戒毒人员，情绪波动大，在劳动过程、谈话过程、日常巡视中，容易发生无征兆行为失控，管理民警应树立预防在先的观念，注意防范。②精神异常者。实践中未经法律鉴定的精神异常者客观存在，而且所占比例越来越多，民警应将此群体人员作为重中之重，充分掌握其基本信息和行为习惯，运用好政策，严格执法，确保在司法鉴定前平稳戒毒，待司法鉴定后再做戒毒矫治计划。③群体性事件。将吸食新型毒品强制隔离戒毒人员集中管理，容易造成同案或同地区的同一类人员相对集中，因此，容易造成群体性事件。管理中要注意集中管理下的适度分离，如将老乡、同案人员等，安排在不同的小组。④民警自身警体技能的训练与掌握。吸食新型毒品强制隔离戒毒人员攻击性强，自我控制能力差，遇有矛盾容易激化且不计后果，执勤民警受攻击现象会逐渐增多。要求民警在注意防范的前提下，需苦练警体技能，增强身体素质，熟练掌握和使用各类禁戒器具，确保有能力处置各类突发事件。

第七章 特殊类型强制隔离戒毒人员管教方法与艺术

第一节 特殊类型强制隔离戒毒人员概论

所谓特殊类型强制隔离戒毒人员是指患有各类严重疾病(在当初收治体检时又没有达到严重疾病标准)的强制隔离戒毒人员(也称病残强制隔离戒毒人员)。随着患有各类严重疾病的强制隔离戒毒人员越来越多,如何对他们更好进行管理,已是一个迫在眉睫需要解决的问题。如果解决得不好,不仅会影响患病强制隔离戒毒人员的戒毒治疗与疾病治疗的效果,还会对其他的强制隔离戒毒人员及民警造成意外的伤害。据有关资料记载:全世界每年因吸毒或与吸毒有关的死亡人数约 10 万之众。一年后病死率为 8%,两年后病死率为 20%,五年后病死率为 36%,六年后病死率为 54%。吸毒者的平均寿命较一般人群缩短 10～15 年。目前,场所戒毒人员毒龄一般在数年。可见,场所随时面临承担强制隔离戒毒人员病死、病残的巨大风险。是当前困扰强制隔离戒毒所管理教育工作的难点。

一、强制隔离戒毒人员病残成因

(一)并发症等原因而致病残

毒品具有强烈的敛涩、凝结作用,长期吸毒,人体各组织器官就会出现"毒瘀"沉积,"毒瘀"对器官、组织、细胞、亚细胞结构有强烈的毒性,可引起一系列并发症,例如:感染性心内膜炎、心律失常、急性肾功能衰竭、肾病综合征、急性肺水肿、肺结核、脑栓塞、周围神经炎、肌功能障碍、化脓性关节炎、精神障碍等。同时,由于吸毒人员共用针头注射毒品、性生活混乱等原因,致使感染艾滋病、丙肝、肺结核、梅毒等传染病的几率大为增加。

(二)人为造成的病残

人为造成病残、伤残是少数吸毒人员逃避强制隔离戒毒措施的惯用手段,一是少数吸毒人员在逃避公安机关打击吸毒违法行为的过程中以跳楼、自残等相对抗,或是在公安强戒所以吞食钢钉、锯条、牙刷,往胸部拍钢针等方式自伤自残。收治到强制隔离戒毒所后,矛盾和隐患也随身转嫁到强制隔离戒毒所。二是强制隔离戒毒人员在强制隔离戒毒所内形成的病残。少数强制隔离戒毒人员为了逃避强制隔离戒毒所的管理教育,逃避康复训练和习艺劳动或企图获得所外就医,引起家人、戒毒所重视等,通常会采取防不胜防的方式自伤、自残。欲迫使强制隔离戒毒所"无条件放人"。

（三）其他原因造成的病残

非吸毒原因造成病残的强制隔离戒毒人员在场所也为数较多，这种原因因残疾类型不同而各不相同，遗传、先天异常或发育障碍、智力低下、骨关节病和脑血管疾病、意外伤害、先天性痴呆和癫痫、其他器质性障碍等是造成精神残疾、肢体残疾、器官残疾（如：耳聋、哑巴）等的重要因素。吸食毒品之后又会使一些类型的病残情况加重。

二、病残强制隔离戒毒人员所内容易出现的情况

病残强制隔离戒毒人员是所内的一个特殊群体，病残的身体状况、扭曲的心理行为、思维方式与所内严格的所规队纪之间具有不可调和性，容易出现以下几种情况：

1. 少数强制隔离戒毒人员据病残为由，逃避正常的管理教育

少数强制隔离戒毒人员以身患残疾或病情为由，逃避强制隔离戒毒所正常管理教育，如以腹中有异物或车祸导致腰椎受损下肢瘫痪为由，长期在强戒所内卧床不起，装病、诈病、泡病、小病大养、无病呻吟，借以逃避康复训练或习艺劳动的。

2. 以维权、看病为借口不服民警管教

少数病残如果对违规违纪行为视而不见，则相安无事，如对其稍加管束，便伺机兴风作浪，或以自伤自残手段，或编造民警打骂、体罚情节向各级政府及相关部门反复信访要求，企图迫使强制隔离戒毒所民警不敢管束、对其听之任之。

3. 个别病残强制隔离戒毒人员破罐子破碎，试图破坏戒毒矫治秩序

一是借外出看病之名想出去放风，外出溜达溜达，或伺机想脱离强戒所的管控。二是个别强制隔离戒毒人员别有用心、制造各种假象与理由，嫁祸于人，伺机创造机会要挟强戒所，试图将残疾的原因归咎于强戒所，企图向强戒所索要赔偿金。三是挑唆和制造事端，以身体不适为由，拒绝参加体能康复和集体活动，索医要药，无事生非，逢"长"必诉，唯恐场所不乱。

三、加强所政共性管理教育

病残强制隔离戒毒人员，首先是强制隔离戒毒人员，其次才是病残人员，因此，在完成"首位任务"，实现"首要标准"的过程中，既要注重共性、又要顾及特殊管理教育模式。鉴于一些强制隔离戒毒人员形成病残的成因以及他们的一些所内表现，以下几项场所共性的管教措施不可忽视。

（一）建立一支专管民警队伍

所谓专管民警，是指专门从事对病残强制隔离戒毒人员管理教育的民警。除了要求他们必须具备一般强制隔离戒毒警察所必须具备的职业素养外，还要熟悉专管工作的一些特殊知识、技能（如哑语、病残护理方面的知识、相关的法律法规）。同时，能够在管理中始终坚持严格管理和关怀救助相结合的原则。并且掌握一定的心理学知识等。

（二）严把接收体检关

强制隔离戒毒所不是万金油，所能组织的管理教育工作涉及面是有限的，因此对于一些超出条件范围的强制隔离戒毒人员应当依据有关规定严格控制。对吞食异物自伤自残、处于传染病活动期等病残情况的强制隔离戒毒人员一般不予以接收，特殊情况地方恳求我们接收的，由地方负责治疗费用、本人也愿意在强戒期间治疗的前提下，按照相关规定体检鉴定拍照后谨慎接收。

（三）既要重视人性化管理教育，又要强化安全制度执行

入所初期，既要对强制隔离戒毒人员从物质、医疗、精神等方面给予充分的关心和帮助，

协助他们度过入所初期在生理和心理上的难关;又要彻底根除一切可能藏匿毒品和发生"三自"(自杀、自残、自伤)的所有隐患,确保强制隔离戒毒人员和强制隔离戒毒场所的安全。

(四)建立健全戒毒人员医疗卫生责任制和巡回就诊制度

首先,坚持定期体检医师每日巡诊、夜间住诊、规范就诊,切实加强病残强制隔离戒毒人员的管理、防治和常规治疗康复工作。其次,规范就医程序、就医、服药纪律,强化医务人员的定期巡诊、坐诊制度,确保随时可以就医和当面监督服药,杜绝戒毒人员索医索药、乱存乱放药品现象。

第二节 几种特殊类型强制隔离戒毒人员的管教艺术

怎样既能做到"收得下、管得住、跑不了、戒治好"、切实保障戒毒人员医疗健康权利,又能有效防止不法分子以维权看病为幌子,逃避各项戒毒矫治措施,扰乱正常的戒毒矫治秩序是一重大的管理教育命题。特殊类型强制隔离戒毒人员,首先是强制隔离戒毒人员,然后才是特殊型戒毒人员,因此,对他们的管教工作既要体现共性,更要实现个性,本节就几个具体类型的戒毒人员所要采取的一些主要的个性化管教措施进行一些罗列。

一、聋哑型强制隔离戒毒人员的管教方法

所谓聋哑强制隔离戒毒人员是指:先天性聋或幼年严重耳聋以致丧失听取与学习语言的能力,或虽已初步学会语言,又因耳聋重新丧失语言能力,但语言器官和语言中枢完好的强制隔离戒毒人员。

(一)聋哑戒毒人员的主要特点

目前,场所所收容的聋哑强制隔离戒毒人员的具有以下几个显著特点:

1.认知与行为能力弱

由于在生理上有缺陷,智力发展也受到一定限制,再加上后天的管教不力甚至是错误的管教,为数不少的聋哑强制隔离戒毒人员不知法、不懂法,辨别是非善恶的能力也比正常人要差一些,而且一些聋哑强制隔离戒毒人员在接受强制隔离戒毒前就有过违法犯罪行为,而且这些违法犯罪行为往往与钱财物有关,并且犯罪手段非常低劣,往往采取最直接、粗暴的偷盗、抢劫方式。

2.对外界感知困难

由于缺少语言和语言思维,对于聋哑戒毒人员来说,感知与思维的统一关系受到了破坏,也就是说,他们的感觉和知觉缺少思维和语言的积极活动,从而表现为对外界的感知困难,即使民警能够与他们通过哑语进行日常交"谈",但却很难进行有效的沟通。

3.情绪起伏不定

聋哑强制隔离戒毒人员的自卑心理较重,言行反常,显得忧郁、悲观、孤僻、极反感当众出丑,情感非常脆弱,疑心病重。遇到不如意的事,他们会大发雷霆,动辄发怒,甚至伤人;遇到高兴的事,又会喜形于色或哈哈大笑。因此,聋哑戒毒人员普遍的情绪起伏多变,且情感很容易流露于外。对于民警的管理,有时会认真服从,有时又会不服从。

(二)对应性管教措施

鉴于聋哑戒毒人员生理上的缺陷,本章认为适于相对独立的分类管理,每小组配备几名各方面素质相对较好的戒毒人员协助民警管理,具备数量据实际情况而定,并且采取以下几

项主要管理教育措施：

1.人员配备

管理单位(区队)配备熟悉《残疾人保障法》和《残疾人教育条例》、可以利用哑语和聋哑强制隔离戒毒人员进行日常交流、掌握一定的心理学等知识、技能的专管民警和熟练掌握哑语、眼界开阔，并能够指导聋哑戒毒人员进行阅读、具备一定的心理学等知识、技能，有责任心、爱心的专管教师。

2.常规性管教

单独编队、队列训练。训练的内容、时间、强度可与一般强制隔离戒毒人员相同。并且聋哑强制隔离戒毒人员往往有沉重的心理负担，应该给予他们必要的心理干预与心理救助。同时，要适时开展社会帮教，并注重做好两方面的工作：一是外向型工作。与当地残联、聋哑人联合会(福利会)的沟通与协调工作。帮助解决生活、心理以及回归社会后的就业问题。二是家庭工作。正视家庭中有聋哑人的现实，消除两种极端：一种是百依百顺，放任惯纵，不加约束；另一种是嫌弃不管，不闻不问。

3.多组织一些感官性、针对性强的辅助活动

针对聋哑强制隔离戒毒人员对外界感知困难、情绪起伏不稳两个问题，专管民警可以在专管教师(懂哑语)的协助下，经常性地组织聋哑强制隔离戒毒人员开展一些文体活动。一方面帮助他们克服自身弱点，通过视觉、触觉、嗅觉和味觉等来感知世界，来弥补自身缺陷；另一方面，帮助他们学会如何更好地与他人交往，并且给专管民警与他们进行有效沟通创造机会。

4.设法加强法律法规的认知教育

虽然聋哑强制隔离戒毒人员辨别是非善恶的能力也比正常人要差一些，但毕竟他们没有完全丧失辨别和控制自己行为的能力。因此，应该经常性地组织他们学习法律法规，借此提高对法律法规的认知水平。同时，讲究方式方法，比如说，可以放映一些真实影像，内容是关于社会上的聋哑人实施违法犯罪行为对受害者及其家庭造成的伤害；请已经回归社会的聋哑强制隔离戒毒人员来现身说法等。

5.实施更多的人文化、人性化关爱启迪心扉，构筑沟通的桥梁

对于聋哑强制隔离戒毒人员，应该在生活上给予更多的关心，尤其是对于一些经济困难的聋哑戒毒人员，应该为他们积极争取生活救助，使他们切身感受到社会的关心和爱护，感受到爱的温暖，同时也可以使他们打开心扉、愿意甚至主动与专管民警进行有效沟通。

二、精神障碍型强制隔离戒毒人员的管教方法

(一)精神障碍型强制隔离戒毒人员的判定

精神障碍强制隔离戒毒人员主要有三种：在吸毒前就有精神障碍史的、吸食新型毒品导致患有精神障碍的和吸食传统毒品但因伽玛刀或开颅手术导致痴呆的强制隔离戒毒人员。关于精神障碍问题，精神病理学上有严格的分析定论，我们日常中通常将具备以下情况的强制隔离戒毒人员初步判定为精神障碍型强制隔离戒毒人员。

1.言行举止与客观现实相违背

如强制隔离戒毒人员诉常有人在背后说他的坏话，常听到有人在窗外议论他，甚至广播电视的节目也是专门针对他的。而事实调查却毫无根据。又如诉说他被人用某种仪器控制着他的大脑。可见，这就是精神异常的表现。

2.有不可理喻的行为表现

如常自言自语，或作侧耳倾听状，甚至出现对空谩骂，则提示该戒毒人员可能有听幻觉

存在。实践中,常可见到因认为有人在追杀他而至派出所报案的情形,实际是受被害妄想等病态思维的支配。

3.精神活动不协调统一

本来值得高兴的事,其内心却感到痛苦而悲伤哭泣,或常常毫无原因、毫无内心体验地独自发笑,整个精神活动彼此分裂自相矛盾,变得支离破碎、混乱不堪,情感倒错、不协调。

(二)精神障碍型强制隔离戒毒人员的主要表现

场所的精神障碍戒毒人员会有各式各样的表现,概括起来,主要有下面三种情况:

1.不愿意接受管束,倚傻卖傻

有的精神障碍强制隔离戒毒人员病情已经稳定,精神与智力也已处于较为正常的情形,但他们却仍然有意无意地沉浸在无序无规则的生活中,甚至有意倚傻卖傻,不愿意接受民警的管理,甚至沉溺于病态体验而不愿自拔。

2.生活处于无序状态

作息没有规律,主要表现在夜间,有的受妄想、幻觉支配,出现焦虑、恐惧、愤怒,导致精神紧张、坐卧不安、难以入睡;有的因心境恶劣、悲观失望等忧郁情绪出现入睡困难,时睡时醒和早醒;有的躁狂发作,因兴奋躁动难以入睡,甚至彻夜不眠;有的常白天嗜睡,夜间不眠,到处乱走或做些无目的的事情。

3.具有冲动攻击行为

冲动攻击行为是精神障碍过程中一种较突出的行为障碍,能够给民警、医护人员、其他精神障碍强制隔离戒毒人员的人身安全造成一定的威胁。精神障碍强制隔离戒毒人员的攻击行为一般发生在夜间,白天发生相对较少。同时,攻击行为的发生地点、目标、方式无固定性。

(二)对应性管教措施

精神障碍强制隔离戒毒人员是场所一类特殊人员,而特殊问题也应该特殊对待,在设立专管区队,进行集中、统一管理的同时,注重以下几项管教措施的实行。

1.人员配备

管理单位(区队)配备掌握精神障碍病人护理的一般知识、技能的专管民警和掌握精神障碍防护知识与技能、一定的心理学知识、能熟练、快捷地实施护理工作、有爱心等职业素养的专管医护人员。

2.安全防范管理

鉴于精神障碍强制隔离戒毒人员容易出现行为异常情况,因此,对这类特殊强制隔离戒毒人员的安全管理工作应当是重中之重。应当在精神病理专家的指导下,制定科学的专管民警、医护人员的值班、巡查、交接班、班组包控等制度,并在实践中得到严格的执行;专管民警在管理过程中发现的问题,应及时处理,如遇处理不了的问题,应及时上报,会同有关部门进行处理,必要时可以使用保护性约束措施;精神障碍强制隔离戒毒人员生活区的各种设备和结构,应考虑适应安全需要,又要方便医疗护理工作的进行,还要注意创造一个美观舒适的休养环境;对于具有冲动攻击行为精神障碍强制隔离戒毒人员应当安排在单独的房间内,应每日安全检查,在症状缓解前,应禁止出房间活动,必要时,使用保护性约束措施。对具有严重冲动攻击行为的精神障碍强制隔离戒毒人员,应当安排到专科医院进行治疗。

3.日常管教要点

(1)单独编队,专门管理,并且对精神障碍恢复期和治疗期的强制隔离戒毒人员分别管理。

(2)日常行为、体能训练，开展一些教育、辅助活动。对处于精神障碍恢复期和比较合作和病情稳定的治疗期的强制隔离戒毒人员开展适度的队列训练；在专业人士的指导下，组织开展适度的体能训练；定期和不定期组织一些必要的教育、宣传和文体等集体活动。

(3)心理干预与心理救助。精神障碍强制隔离戒毒人员往往伴生有心理疾病，还要面临心理脱毒的艰巨任务，因此应该给予他们比一般戒毒人员更多的心理干预与心理救助。

(4)组织帮教。认识到家庭参与帮教的重要性，首先做好家庭成员的宣教工作。教育家庭成员决不能有嫌弃、抱怨的言行和情绪。

(5)互动式管理。鼓励精神障碍强制隔离戒毒人员对区队的管理制度、饮食、文体活动、习艺劳动、民警和医护人员的工作方式与态度，提出合理化建议。从而一方面增强他们自我管理、参与互动管理的主人翁意识，同时也使他们的兴趣爱好及要求得到适当的满足，从而精神更加愉快，生活更有规律、更有乐趣，更加充实；同时，也是避免他们沉溺于病态体验的有效办法。

4.习艺劳动管理

劳动管理是管教工作的一个分支，由于精神障碍强制隔离戒毒人员的特殊性，一些常规性的管理教育活动难以有效实施，而适度的习艺劳动有助于稳定情绪、增强体质、激发健康的生活情趣和信心、稳定秩序等作用。因此习艺劳动在管教精神障碍强制隔离戒毒人员的工作中所能起到的作用不容忽视。组织精神障碍强制隔离戒毒人员参加习艺劳动，可以分为以下两种情况：

(1)处于精神障碍治疗期的强制隔离戒毒人员适宜在指定的房间内参加劳动。对容易兴奋的精神障碍强制隔离戒毒人员可以安排一些简单的劳动；对处于抑郁状态的精神障碍强制隔离戒毒人员，要动员、鼓励、激发他们参加适度的集体劳动。

(2)处于精神障碍恢复期的强制隔离戒毒人员。对处于精神障碍恢复期的戒毒人员，可以组织他们参加适宜的所区户外劳动或复杂程度更高的劳动。这样既能为社会创造财富，也有助于他们的康复。

三、性病型强制隔离戒毒人员的管教方法

(一)性病型戒毒人员的主要特点

1.情绪消极，不积极配合性病治疗与戒毒治疗

一般的性病强制隔离戒毒人员对性病有着强烈、持久的恐惧感和羞耻感。一方面惧怕性病不能治愈；另一方面，由于社会观念的影响，性病强制隔离戒毒人员在以前的病程中还承受了来自于各方的巨大压力。两方面的原因导致了他们对未来失去希望，有自暴自弃的倾向，同时，又在表面上常常对病史、病情甚至于目前的身心状况满不在乎、闪烁其词，不能够积极配合性病治疗与戒毒治疗。

2.有报复社会的言语或行为

少数性病强制隔离戒毒人员不思己过，却认为自己的性病，都是别人害的，是这个社会害的，有着强烈的报复社会的倾向。在平时的管理中，要么不服民警的管理，要么阳奉阴违。

3.极度缺乏羞耻感

有的性病强制隔离戒毒人员心里空虚、追求享乐，在接受强制隔离戒毒前性生活混乱、好逸恶劳，多次染上性病或反复感染多种性病，他们视性病如儿戏，极度缺乏羞耻感。在平时的管理中，这些性病强制隔离戒毒人员往往具有较强的欺骗性。

（二）人员的配备

对于性病病区的管理应该配备熟悉卫生部《传染病防治法实施办法》的相关规定和本省、本地的《性病防治条例（管理办法）》、熟悉性病防治的一般知识、注意事项的专管民警和掌握性病防护知识与技能（专管）、具有一定的心理学知识、能熟练、快捷地实施护理工作、能够严格执行操作规程和消毒制度的医护人员。

（三）日常管教要点

（1）常规管理，单独编队。

（2）日常行为、体能训练。适度的队列训练，组织性病强制隔离戒毒人员开展针对性较强的体能训练，背诵《强制隔离戒毒人员守则》和《强制隔离戒毒人员行为规范》，组织学习各项管理制度。

（3）安全防范管理。制定科学的值班、巡查、交接班、班组包控制度，并在实际工作中严格执行。

（4）心理干预与心理救助。各种压力给性病强制隔离戒毒人员造成沉重的心理负担，加上所面临心理脱毒要求，因此应当给予他们必要的心理干预与心理救助。

（5）组织帮教。帮教形式、内容与普通强制隔离戒毒人员雷同，但要注意在性病的治疗已经取得良好效果，性病强制隔离戒毒人员已经认识到不良性行为的巨大害处的情况下，可以将患有性病这一事实作为隐私帮助保密，不告知其家人。

（四）生活卫生管理

鉴于性病强制隔离戒毒人员身体状况和病情，生活卫生管理是对此类型强制隔离戒毒人员管教工作的重要内容。主要是：①就餐管理。根据性病强制隔离戒毒人员实际情况制定伙食标准，并且为他们创造相对独立的就餐环境，或干脆由专人将饭菜送至生活区。②卫生管理。在性病防治专家指导下建立专门的性病区队内务卫生、个人卫生和环境卫生制度，并严格执行。尤其要注意：性病强制隔离戒毒人员的分泌物、排泄物及其所接触过可能造成污染的用品和环境，必须进行消毒或焚毁；不得混用个人生活用品，建立科学的洗澡、洗衣和换衣管理办法。

（五）人性化关爱、科学化教育

1. 沟通共情，释重忘怀

通过有效的沟通制度，督促和引导专管民警主动与性病戒毒人员进行沟通，尤其是语言的交流，认真倾听他们的心理感受，适时地关心、同情、安慰、鼓励他们，减轻他们的心理压力，减少他们对社会的敌意。

2. 开展认知教育

宣传有关性病防治的各种知识，让他们认识到大多数性病是可以治愈的，增强他们战胜疾病的信心，积极地配合性病治疗与戒毒治疗；同时，也让他们清醒地认识到不洁性行为（与吸毒）的危害以及性病对身心健康的危害，使他们能够吸取教训，最终达到改变性行为方式（戒除毒瘾）的目的。

3. 思想疏导教育

对于患有难以治愈性病强制隔离的戒毒人员，尤其是一些病程较长、病菌种类复杂的强制隔离戒毒人员，应该加强思想疏导教育工作，既要让他们深刻地认识到性病对其自身的伤害，更要让他们认识到对家人的生理与心理上的伤害，从而积极地配合管理和治疗，避免症状的进一步加重，也避免他们做出伤害他人、家人和社会的行为。

第八章　强制隔离戒毒工作民警的职业暴露与防护

第一节　强制隔离戒毒工作民警职业暴露与防护概述

一、强制隔离戒毒工作民警职业暴露与防护的含义

职业暴露,是指由于职业关系而暴露在危险因素中,从而有可能损害健康或危及生命的一种情况。强制隔离戒毒工作民警职业暴露主要是依据强制隔离戒毒工作民警管理对象为艾滋病高危人群这一特点而易感染艾滋病的可能即艾滋病的职业暴露,是指强制隔离戒毒工作民警在从事强制隔离戒毒人群的管理中被 HIV 感染者或艾滋病病人的血液、体液污染了破损的皮肤或非胃肠道黏膜,或被含有 HIV 的血液、体液污染了的针头及其他锐器刺破皮肤,而具有被 HIV 感染可能性的情况。职业防护,则是针对职业暴露所需进行的有效防止方法和要求。

二、强制隔离戒毒工作民警职业暴露与防护的重点

（一）吸毒人群传播艾滋病的机制

目前,艾滋病传播途径主要以血液和性传播两种方式为主,而吸毒者正是这两种方式最为广泛的联系者,因此,吸毒人群成为感染艾滋病的高危人群之一。

1. 静脉吸毒人群普遍存在共用注射器行为

由于吸毒的违法性和毒瘾的难忍性,多数静脉吸毒者共用未消毒的注射器,群体中只要有一人携带艾滋病毒,其感染的几率就会成倍增长。

2. 不洁性行为导致艾滋病病毒传播

初始吸毒者对性的要求一般都很强,感染了艾滋病病毒再去娱乐场所,就有可能形成"一传一",由高危人群扩散至一般人群。女性吸毒者为了获得高额毒资,普遍存在卖淫现象。女性吸毒者如果说有不洁性行为,又有静脉注射吸毒,其感染或传播艾滋病病毒就更具危险性。新型毒品具有强烈的中枢兴奋作用,滥用后可使滥用者处于强烈的兴奋状态、性欲亢进,导致群体淫乱或暴力、共用注射器行为,因此,更易造成艾滋病病毒感染或传播。

（二）强制隔离戒毒工作民警职业暴露与防护的重点

强制隔离戒毒工作民警管理对象为戒毒人群,而戒毒人群则是艾滋病病毒感染和传播的高危人群。强制隔离戒毒工作民警职业暴露与防护的重点:

1. 基层一线民警

基层一线民警作为强制隔离戒毒人员最直接的管理者,与他们接触的机会和时间是最

多最长的,加之管理中偶发和突发行为的时有发生,应成为职业暴露与防护的重点。特别是承担入所教育中队的民警,强制隔离戒毒人员因未经艾滋病病毒的检测,更应成为职业暴露与防护的重中之重。

2."艾滋病"专管中队民警

强制隔离戒毒场所依据有关规定,在入所初期会进行艾滋病病毒的检测工作,对艾滋病病毒携带者集中管理。"艾滋病"专管中队民警作为直接的管理者,也是职业暴露与防护的重点。

3.医护民警、护士

与强制隔离戒毒人员或艾滋病病毒携带者有直接接触的是医护民警或护士。因此,强制隔离戒毒场所的医护民警或护士,是职业暴露与防护的中心。

第二节　强制隔离戒毒工作民警职业暴露与防护的要求和方法

一、强制隔离戒毒工作民警职业暴露与防护的要求

强制隔离戒毒工作民警职业暴露与防护的要求是:确保强制隔离戒毒工作民警不因职业暴露感染或传染艾滋病病毒。为了达到这一要求,必须做到以下几点:

(1)了解艾滋病病毒的一般常识。

(2)掌握艾滋病病毒的预防知识和自我防护技能。

(3)制定科学的职业纪律和操作规程,并确保其严格执行。

(4)制定内部安全防护措施,和应急预案。

二、强制隔离戒毒工作民警职业暴露与防护的方法

(一)强制隔离戒毒工作民警可能感染艾滋病病毒的原因

(1)携带感染艾滋病病毒强制隔离戒毒人员的恶意行为。如强制管理中遭受的唾液攻击,带有血迹的泪器行刺等。

(2)强制隔离戒毒工作民警在日常管理中,处置携带感染艾滋病病毒强制隔离戒毒人员的斗殴、伤害等事件引起的意外感染。

(3)医护民警或护士的自我防护意识、技能不高。强制隔离戒毒人员发生斗殴或意外伤害,医护民警或护士在处理伤口过程中未高度重视和防范。

(4)医护民警或护士接触曾刺入感染艾滋病病毒者静脉或动脉的器械,或不慎被感染艾滋病病毒者使用过,并留有其血迹的器械刺破等。

(二)强制隔离戒毒工作民警职业暴露与防护的主要方法

(1)制订、实施强制隔离戒毒工作职业暴露与防护安全操作和普遍性防护措施指南。

(2)加强艾滋病传播途径及自我防护的宣传教育以及相关知识技能的培训,提高预防艾滋病的知识水平及自我防护能力,并持正确态度,既不能过度恐惧,也不能无所谓。

（3）落实好各项防止职业暴露的安全操作和个人防护措施。包括制定安全操作规章,废弃物消毒处理规定,个人防护用品和健康监护等。

（4）强制隔离戒毒工作民警(医护民警、护士)职业暴露后应立即采取以下措施:一是用肥皂液和流动水清洗污染的皮肤,用生理盐水冲洗黏膜。二是如有伤口,应当在伤口旁端轻轻挤压,尽可能挤出损伤处的血液,再用肥皂液和流动水进行冲洗;禁止进行伤口的局部挤压。三是受伤部位的伤口冲洗后,应当用消毒液,如:75％乙醇或者0.5％碘伏进行消毒,并包扎伤口;被暴露的黏膜,应当反复用生理盐水冲洗干净。

（5）出现事故时要及时报告并做好记录以便及时评估。

参考文献

[1]杜新忠主编.实用戒毒医学.北京:人民卫生出版社,2007.

[2]张峰主编.矫正方法大全.武汉:湖北人民出版社,2008.

[3]施红辉等主编.毒品成瘾矫治概论.北京:科学出版社,2009.

[4]赵敏,张锐敏主编.戒毒社会工作基础.北京:军事医学科学出版社,2010.

图书在版编目(CIP)数据

强制隔离戒毒工作管教方法与艺术 / 周雨臣,柏建
国主编. — 杭州:浙江大学出版社,2013.4(2023.3 重印)
(强制隔离戒毒工作系列丛书)
ISBN 978-7-308-11327-4

Ⅰ.①强… Ⅱ.①周… ②柏… Ⅲ.①戒毒—工作方
法—中国 Ⅳ.①D669.8

中国版本图书馆 CIP 数据核字(2013)第 067527 号

强制隔离戒毒工作管教方法与艺术
周雨臣　柏建国　主编

责任编辑	石国华	
文字编辑	沈　洁	
封面设计	刘依群	
出版发行	浙江大学出版社	
	(杭州天目山路 148 号　邮政编码 310007)	
	(网址:http://www.zjupress.com)	
排　　版	杭州星云光电图文制作有限公司	
印　　刷	浙江新华数码印务有限公司	
开　　本	787mm×1092mm　1/16	
印　　张	9.75	
字　　数	237 千	
版印次	2013 年 4 月第 1 版　2023 年 3 月第 6 次印刷	
书　　号	ISBN 978-7-308-11327-4	
定　　价	25.00 元